四季 三中

南宁市第三中学 编

广西人民出版社

图书在版编目（CIP）数据

四季　三中 / 南宁市第三中学编 . — 南宁：广西人民出版社，2023.11（2024.6 重印）
（百年名校正青春）
ISBN 978-7-219-11660-9

Ⅰ. ①四… Ⅱ. ①南… Ⅲ. ①南宁市第三中学—校史 Ⅳ. ① G639.286.71

中国国家版本馆 CIP 数据核字（2023）第 215131 号

SIJI SANZHONG

四季　三中

南宁市第三中学　编

策　　划	赵彦红		责任编辑	曾蔚茹
执行策划	林晓明　陈晓蕾		责任校对	田若楠
			美术编辑	牛广华　陈瑜雁

出版发行　广西人民出版社
社　　址　广西南宁市桂春路6号
邮　　编　530021
印　　刷　广西昭泰子隆彩印有限责任公司
开　　本　889 mm × 1194 mm　1/32
印　　张　7.5
字　　数　110千字
版　　次　2023年11月　第1版
印　　次　2024年6月　第2次印刷
书　　号　ISBN 978-7-219-11660-9
定　　价　35.00元

版权所有　翻印必究

"百年名校正青春"丛书编委会

（按姓氏笔画排序）

主　任　韦　坚　韦屏山

副主任　贝伟浩　韦先鲜　冯宇斌　孙　振　杨　菲　李　杰
　　　　　李国栋　吴　红　何海夷　张　栋　周　晶　胡颖毅
　　　　　莫怡祥　梁　毅　梁东旺　戚志涛　蓝　宇　谭立勇
　　　　　魏述涛

编　委　丁　莉　于法锋　王　园　王祥斌　韦　良　韦国亮
　　　　　韦琴琴　邓曙光　玉党益　吕泉孜　朱云峰　刘　珑
　　　　　刘　栋　刘世林　刘培荣　江东洋　许大福　许家勇
　　　　　苏朝凤　李　昕　李　溪　李　睿　李凤华　李浩铭
　　　　　李鹏飞　杨　彬　吴善堂　邱丽燕　何　杰　何　炎
　　　　　张　静　张忠武　张金恒　陆　金　陆　勇　陆华芳
　　　　　陈　东　陈现永　周代许　庞　洁　宗焕波　胡　波
　　　　　胡纯辉　莫日红　莫焜贤　倪　华　唐永顶　黄　欢
　　　　　黄　灵　黄　洁　黄　继　黄　琴　黄文斌　黄成林
　　　　　黄秋明　黄梦竹　黄频捷　梁心玛　梁艳婷　梁蒙武
　　　　　覃俊明　谢展薇　蓝日更　雷　艳　雷　婷　雷以德
　　　　　谭　锋　谭佩玉　谭冠毅　黎文平　黎正旺　滕　雪
　　　　　潘俊全　魏远金

《四季 三中》编委会

主　编　李国栋　莫怡祥

副主编　黄频捷

编　委　陈　瑶　陈睿华　郭佳玉　谢小明
　　　　　魏　靖

总 序

欲厦之高，必牢其基；欲流之远，必浚其源。自1897年维新人士余镜清创办的南宁乌龙寺讲堂算起，南宁市第三中学（简称南宁三中）历经了一百二十五年的洗礼与积淀，以其深厚的文化底蕴和卓越的办学特色，成为莘莘学子向往的求知殿堂，成为闪耀八桂大地的一个明星教育品牌。逢南宁三中一百二十五周年校庆之际，为了凝练延续名校基因，我们特别推出了"百年名校正青春"丛书，旨在回顾百年辉煌、展示教育求索、激励基因传承，这是南宁三中办学历程中一项具有里程碑意义的创举！

"百年名校正青春"丛书共计十册，是一次对学校发展蜕变的全景式展现，是一次对中学教育教学探索的全貌式分享，是一场弥足珍贵的文化盛宴。每一册书都浸染着南宁三中深厚的文化底色，以"真·爱"教育思想为引领，厚植"家的支柱，国之栋梁"的育人理念，秉持"以学术究真，以温暖施爱"的精神，从不同维度讲述南宁三中故事，展现新时代教育背景下蓬勃向上、生机盎然的南宁三中风貌。

在丛书里，《道从何处来》仿佛是一本扉页镶嵌着时间之石的珍宝簿，为我们展开了南宁三中砥砺百年的历史画卷。它以六个篇章为笔墨，深情而准确地勾勒出这所百年名校的成长脉络。通过那些极具代表性的图片和经典事件的点缀，让我们仿佛置身于隽永的岁月长河之中，得以亲近属于南宁三中的教育理想和抱负，明了永恒的教育精神和卓越的教学成就。

《学科浪漫故事》有如一泓清泉，洋溢着南宁三中这所百年名校的教育芬芳。纵览四方的辉煌，体味十三门学科的精彩教学故事和教师们的辛苦与创新，名师们的风采和学生们的真情得以淋漓尽致呈现。在南湖之畔的南宁三中讲台，奏出一曲曲优美乐章，无一不让人流连沉醉。

《草木尽欲言》仿佛是一簇鲜花，伴着南国和畅清风，为我们拂来南宁三中校园里草木的芬芳。每一株植物都有其婀娜姿态，仿佛向我们低声述说着校园的故事。从植物的简介到手绘插画，再到古诗词品读和师生情谊，我们如同漫游在文化花园中，领略南宁三中师生间深厚的情谊和百年名校的韵味。

《学研相济　聚木成林》犹如一片浩渺星空，闪耀着南宁三中科研成果的光辉。基于南宁三中在深化改革和创新发展方面的探索，将历年的杰出科研成果进行了编录，展示学校在教科研领域的深厚功底，为全市乃至全区深入推进教育教学改革、提高学校教学质量提供新启示、新方法。

《美好不止于初见》宛如一座丰碑，细述着南宁三中青山校区、五象校区、初中部青秀校区和初中部五象校区的风采。翻开书页，我们仿佛走进了被红色文化长久滋润的百年名校，移步换景间，得以尽览各校区的师资力量、历史人文、建筑特色、校园环境、生态资源，领略新时代背景下的南宁三中风采。

《四季　三中》如同一壶芬芳的清茶，于平淡之间，我们可以品味出南宁三中后勤服务工作者不凡的辛勤劳动。每一道美食、每一处胜景、每一桩小事都串联起南宁三中对学子们的关爱与体贴，诠释着学校"全境温馨、全员温暖、全校温情"的人文精神。

《爱要大声说出来》灿若一颗流星，闪烁着南宁三中学子思想和道德品质的光芒。书中收录了南宁三中学子在国旗下发表的精彩讲话，涵盖了爱国主义教育、党史学习教育、党团活动宣传、思想政治教育、法治教育和感恩教育等多个方面，用文字的力量让思想的匠心荡涤在心灵的河流，展示南宁三中在"真·爱"教育的引领下，全过程、全方位育人，为党育人、为国育才的成果。

《给母校的情书》好比一曲饱含着墨香韵味的恋歌，收录了南宁三中师生和优秀校友们的回忆文章。师者说，学子吟，从教师们的珍贵回忆，到学子们在求学时期难忘的点滴与毕业后对母校无尽的眷恋。通过一封封充满深情的书信，我们感悟到南宁三中在百年时光中为学子们的成长付出的真挚关怀，让人们见识了这座百年名校多彩且立体的人文风采。

《光阴的故事》好似一幅细腻的水墨画，从多门学科的角度解读二十四节气，揭示其中蕴含的学科知识和中国故事。将中华优秀传统文化带入课堂，将创新教育的理念融入学校，让我们得以领略南宁三中教育的真谛和不断探索创新的精神。

《无界学习》宛然一座学识宝库，收录了南宁三中教师们关于无界学习的论文成果。新时代，知识无界、学习无界，要想在新征程中、新挑战下依然抬头挺胸、昂首阔步，就必须深入研究如何实现学生在学习过程中的全面发展。从纯粹的记忆到对知识的理解、反思、运用、迁移，再到品德、智慧、体魄、艺术和劳动的并举，这本书呈现了南宁三中教育工作者对青少年身心发展规律的深入探索，可为教育工作者提供宝贵经验。

本丛书的撰写与编纂，汇集了南宁三中教师、学生和校友的智慧与经验，他们倾注激情，用心良苦，将自己的思想和经历以生动的笔触呈现给读者。这些书籍既承载了南宁三中百年来的教育理念和办学精神，也彰显了南宁三中学子积极向上、积极进取的精神风貌。

撰书之初，南宁三中初中部江南校区仍处于初期筹备中；成书之时，初中部江南校区也于2023年9月投入使用，所以未能在本丛书中有所收列。但自筹备之日起，南宁三中这所百年名校的精神和血脉便早已一以贯之，作为一个站在新起点的校区，已然立志于心、成竹于胸，开门即名校，不日将会打造出一张"创新江南"

的崭新名片!

在这个飞速发展的新时代,南宁三中将以"百年名校正青春"丛书的出版为契机,拥抱时代,积极进取,勇于创新,主动求变,始终坚持以"为党育人 为国育才"为根本目标,践行"真·爱"教育思想,以培养"家的支柱,国之栋梁"为育人愿景,深入推进"教研强校 温暖育人"发展战略,让南宁三中在新时代继续引领教育潮流,培养更多有"真·爱"精神的学生,为社会培养更多有责任感、有担当的栋梁之才。

南宁三中,百年名校正青春!让我们共同见证这个伟大的历程,体悟南宁三中的精神风貌,感受岁月留存的智慧印记,为南宁三中的百年辉煌点赞。希望这些书籍的问世,能够启迪更多志同道合之人,引领他们走向未来,书写属于自己的辉煌篇章!

编 者

2023年10月

代序

如沐时雨,如坐春风

　　走在南宁三中的校园里,当老师和同学们迎着和煦的微风,聆听鸟儿的歌唱,坐在晨曦下诵读时;当老师和同学们沉醉在美丽洁净、充满温馨和幸福的校园时;当老师和同学们品尝着唤醒味蕾、四季各式各样的美食时,你可曾注意到有这样一群人在为此默默辛苦耕耘呢?

　　他们,是风雨无阻的执着,是触手可及的关怀,用无声耕耘维护着学校的良好运转。

　　他们,是故乡烟火的延续,是细致入微的守护,在平凡的岗位上书写出不平凡的诗篇。

　　他们,是义无反顾的坚持,是朴实无华的

背影,在聚光灯的背后默默地向前走。

⋯⋯⋯⋯⋯⋯

没错,他们就是南宁三中的"服务员"——后勤人。

有人说,南宁三中的校园是一个有"时差"的园子,一年四季,春夏秋冬,寒来暑往,在每个不停歇的24小时,都有他们最温暖的守候。

也许,你不曾留意他们忙碌的身影,但是他们用温暖为你挡住冬日严寒;也许,你不曾铭记的各种唠叨,让健康快乐伴你渡过无涯学海;当你流连于书山题海的浩瀚时,请不要忘记是谁在守护你的平安。他们的样子很普通,他们的工作很平凡,他们的内心很纯净,但他们守护的,却是我们高中三年的生活。这是南宁三中后勤人的"真·爱",只为助力一代代三中学子健康成长。他们是普通的,同样也是伟大的,是他们用最质朴的微笑和勤劳的双手,在默默地守护着三中校园的无限美好,他们值得我们铭记和致敬。

2022年,南宁三中迎来了125岁生日,这也是我们后勤人为学校服务的第45625个日夜,我们为此感到无比荣幸。值此良机,我们用笔记录每一个认真劳动的后勤身影,让每一个感人的瞬间都能够得到铭记,让每一个认真生活的人都能够被赞美,让每一个挥洒汗水的人都可以被肯定。125年来,在平凡的工作岗位上,后勤人默默奉献、无怨无悔,为三中学子提供了优质的校园生活。他们的感人事迹不是三言两语能说完的,且让我们用灵动的笔尖,从不同的角度、不同的群体、不同的方式来记录和描绘他们的辛劳和感动,静静体会那种默默无闻、无私奉献的精神。

大自然的四季,春夏秋冬不断更替,是那么的生机勃勃、丰富多彩。南宁三中校园的四季,寒来暑往、日新月异,充满着希望,洋溢着无数温馨感人的瞬间。一年四季,南宁三中的校园里总是能看到后勤人辛勤劳作的身影,给予老师和同学们不同的校园光景,其中有着许多不为人知的感人故事与场景,值得我们记录与回忆,故本书取名为《四季 三中》,共分四个篇章。

南宁三中的校园美食是老师和同学们最难以忘怀的,即使毕业多年,仍是同学们最为怀念的东西。《舌尖上的三中》中,大量的三中美食触发你的味蕾。是的,老师和同学们所品尝到的一道道美食,是每一位可爱的食堂阿叔阿姆们起早贪黑、不分严寒酷暑辛勤劳作的成果。那么，这些美食是怎么制作出来的呢？其中又有哪些令人感动的瞬间和画面呢？此为第一篇章——做饭人与干饭人。

走在南宁三中的校园里，一块"真·爱"石也许会让你驻足凝视，一处园林景观也许会让你流连忘返，一块校园指示牌也许会让你觉得无比温馨……是的，南宁三中校园的每一幢楼房、每一个角落、每一棵花草树木，都倾注了我们每一位后勤人独具特色的匠心和爱生如子的真心，用最真诚的服务守护每一位三中人的成长。此为第二篇——匠心与真心。

你是否时常想起，宿舍里那一声声此起彼伏的"唠叨"。"同学们，关灯睡觉啦！""把衣服叠好一点，注意宿舍卫生哦哈。""天冷了还穿那么少，多穿点儿。"……没错，这就是让每一个三中人难以忘怀的宿舍阿姆的"唠叨"。也许，刚听到的时候你会觉得"厌烦"，但当你毕业了，你再也听不到这样的"唠叨"时，又会不自觉地想起这当时你觉得"厌烦"的"唠叨"。这样的"唠叨"，就像父母、长辈关心自己的孩子一样，是一种无微不至的爱，是三中后勤人最真诚的"真·爱"，每当回想起时，特别亲切，回忆满满。此为第三篇——宿舍响起爱的"唠叨"。

在偌大的南宁三中校园里，有这样一群人，修理坏了的宿舍灯管等，各种小修小补，他们随叫随到；各种紧急抢修，深夜中有他们身影；教学用品不够了，他们忙前忙后及时补足……只要老师和同学们有需求，他们就尽力满足，只要一个电话或者一条微信消息，他们就马上行动起来。慢慢地，老师和同学们亲切地称他们为"大总管"，他们是南宁三中校园里最活跃人一群人。此为第四篇——校园"大总管"。

三中的四季，是我们每一个三中人接续奋进、创造辉煌的见证；四季的三中，是我们每一个后勤人日夜奋斗、真诚守护的地方。每一个故事，每一个瞬间，每一个画面，都是值得我们回忆和纪念的，让我们一起来记录在三中美好而幸福的生活吧。

是为序！

南宁市第三中学五象校区副校长　李国栋
南宁市第三中学高中部五象校区总务副主任　莫焜贤

四季很美
四季里的三中更美

春天的时候
清晨出去采购食物
仔细挑选着给祖国花朵的养料
回来时旭日东升
阳光明媚,鸟语花香
校园里满是春的气息

夏天的时候
中午清扫校园道路
努力清扫每一个不易察觉的角落
回首见绿树成荫
微风阵阵,虫鸣不息
空气里荡漾着夏的芳香

秋天的时候
下午操场继续翻修
拿着卷尺丈量着每一寸跑道
抬头看天边晚霞
落叶纷纷,霞光万丈
地面上映照着秋的金黄

冬天的时候
晚上巡逻整个校园
保护着每一个学生的安全
侧耳听风拂枝叶
凉风习习,月明星稀
天空中闪烁着冬的亮白

悠悠岁月长河
四季轮换
不变的
是永远的三中

梁翀宇　南宁三中初中部青秀校区
2019级(3)班

目录

第一篇 做饭人与干饭人

004 不负「食」光，乘风破浪
008 「廉价」菜肴和「暖胃」食堂阿姨
012 风味・三中
016 美食三中
020 舌尖上的三中，舌尖上的青春
023 四方食事，舌尖天堂
026 我们的三中，我们的「食」事
030 味中意，正浓浓
034 百年三中，百般滋味
038 家的味道，三中的味道

084	079	075	072	068	063	060	057	054	051	048	042
南三食堂·寻味之旅	这碗螺蛳粉值得热搜一个亿！	保持热爱，奔赴山海	唯美食不负三中四季	舌尖上的南三青秀	一饭一蔬暖人心	食人间烟火，品三中百年	舌尖上垂涎欲滴的三中	尝一碗人间烟火	『做饭人』的苦与乐	味蕾的享受，内心的慰藉	有味，清欢

第二篇 匠心与真心

- 089
- 092 难忘三中，感恩三中
- 094 多媒体与人生
- 098 幸成三中桃李，感知『真·爱』情怀
- 102 润物细无声的爱
- 105 平凡而伟大
- 109 校园里的『魔法师』
- 113 灯亮，心暖
- 117 致我们的维修工人
- 120 我和三中的故事
- 127 用匠心打造品质，秉真心服务师生
- 131 扎根一线，匠心不改
- 135 最美维修工
- 139 以匠心坚守岗位，用真心服务师生

第三篇 宿舍响起爱的『唠叨』

143
146 秋风送丝寒，暖流自心间
150 听，那个声音
153 内宿生的「家长」
156 温馨的唠叨
160 记忆中令人心醉的声音
163 暖心的『唠叨』
167 你总说……
171 可爱的阿姨们
174 宿舍里的小火炉
177 宿舍响起爱的『唠叨』

第四篇 校园『大总管』

181　一个『纯粹』的后勤人
184　10月的三中
190　爱在校门处
195　有温度的南宁三中
199　那抹黑色身影
202　衣襟带花　岁月风平
206　『真・爱』三中，『风雨』后勤
212　——《四季　三中》后记

第一篇

做饭人与干饭人

『百年名校正青春』

四季 三中

南宁三中的食堂一直是"网红"般的存在。作为一所重点中学,学校食堂饭菜的质量堪比大酒店,学生们在食堂吃饭如同天天下馆子。毕业的学生经常会感慨:与南宁三中一别,方知最念的不仅有课堂的书声琅琅,还有食堂的饭菜飘香,真不想毕业,还没吃够呢!

在南宁三中的食堂里,汇集了川菜、粤菜、鲁菜、苏菜等菜系,卤、蒸、炸、煎、烧等烹饪手法无不为单调的学习生活带来一抹舌尖上的色彩。除了一般的中式炒菜,饺子、馄饨、螺蛳粉、烧鸭、鸡腿、小串,半透明的绿豆糕、金黄的玉米糖水、飘香的香芋西米露……从早餐到消夜,南宁三中食堂的美食永远在安静地等待你的光顾。

饮食,是一种文化。南宁三中食堂菜式的推陈出新,也刻着当代校园文化的印记。

不负"食"光,乘风破浪

谢今诺 | 南宁三中五象校区
2021级(2)班

在南宁三中后勤部这个大家庭里,有许多职责不同的小部门,这些小部门散发的点点星光汇聚起来,照亮了三中学子高考的乘风破浪之路。俗话说,"民以食为天"。诚然,在高考这场战斗中,饮食保障是战斗过程中的关键一环。一百二十五年的昼夜坚守,南宁三中食堂的叔叔阿姨们共同浇筑了三中学子饮食

健康的坚实基础。

南宁三中食堂的叔叔阿姨们迎黎明之光,念菜品之味,执锅铲之手,予关怀之心,和我们一起乘风破浪,冲刺高考。他们尝过酸甜苦辣,他们受过烟熏火烤,他们练过刀功掌影,他们与烟火气十足的食堂为伴,在南三学子的高考之路上播种健康饮食的种子。在花明柳媚的春季,有食堂的叔叔阿姨精心烹制顺滑细腻的蒸蛋,以柔软之势褪去困意的攻击;在铄石流金的夏季,有食堂的叔叔阿姨耐心配制沁人心脾的凉粉,以清爽之势抚平学子心中的燥热;在凉风习习的秋季,有食堂的叔叔阿姨细心制作的令人回味无穷的螺蛳粉，以香浓之感刺激学子的味蕾；在寒风刺骨的冬季，有食堂的叔叔阿姨暖心熬制滋味浓郁的参汤，以关怀之心包容寒冷的侵袭。四季更替，世事变迁，正是他们春夏秋冬都坚守在保障学生饮食安全的第一线，我们才得以在学习疲劳之时得到佳肴的慰藉，为身体注入新鲜的活力。

　　每一个春夏秋冬，正因为有食堂的叔叔阿姨提供饮食保障，我们的强健体魄有赖于佳肴的供给，我们才得以有洪荒之力驾高考之舟乘风破浪。君不见，在每一个黎明，他们与早起歌唱的鸟儿相伴起舞，为我们准备热气腾腾的早餐；君不见，在每一个寂静酣睡的中午，他们任劳任怨，拿起扫帚和抹布一丝不苟地打扫食堂；君不见，在每一个缀满星星的夜幕下，他们顶着疲惫的身躯，为我们精心准备香气四溢的消夜……曾记得有一次我采访一位食堂阿姨，问及她对食堂工作的看法时，阿姨温和地笑着说："每天都起早贪黑，哪有不累的说法？但是看到你们这群孩子吃好喝好，我就感觉累都是值得的。"他们兢兢业业地完成自己的本职工作，为同学们供一餐餐营养均衡的饭菜，予一个个鼓励满满的微笑，于平凡的岗位中守护南三学子乘风破浪。

光阴似箭，岁月如梭，南宁三中一百二十五年的历史令无数三中人引以为傲。百年征途中，南宁三中的食堂工作者换了一批又一批，唯一不换的，是南宁三中"真·爱"教育的初心，是学校全力以赴保障三中学子饮食安全的决心。不只是饮食部门，其他部门的后勤人员也是恪尽职守，伴着耀眼朝阳，伴着琅琅书声，心存"真·爱"，用心护梦。他们百年如一日，扛稳后勤保障的大旗，践行三中人的初心与使命，为三中学子的乘风破浪保驾护航！

"廉价"菜肴
和"暖胃"食堂阿姨

林子涵 南宁三中初中部五象校区
2022级（3）班

幸运的我，在小升初的时节，顺利地进入了五象三中，算起来这是实现了自己小学四年级时定下的小目标吧。

毕竟是第一次离开父母的视野，尽管我自恃高大威武，但是在父母的眼里，总归还是一个没长大的孩子。外婆和奶奶永远不忘提醒："要吃好吃饱啊。""早点休息，长身体

呢。""专心听课啊,能进三中的,决非等闲之辈,强中自有强中手啊,不要掉以轻心了。"老爸总是用一串串的修辞加成语。"记得每天打一个电话回来啊。"甭说,这就是我老妈啦!

三中的一切,都令我好奇和兴奋。这个季节的南方,多少有点写意的斑斓,余晖在校园里蔓延,肆意地在褚红色的教学大楼间,在遍地的芳菲里,在墨绿色的树梢间,在带着阳光的温暖的空气中,继续它的缠绵。

第一天的电话,是我妈心急火燎打来的。她是绕了九九八十一道弯找到我的:在我们同时进三中的微信崇左群里问了个遍,凡是能回复的,她都不厌其烦地聊过,应该是几经讨论,终究是在百思不得其解的惶恐不安后,老母亲敌不过爱子心切,当了"第一个吃螃蟹的人",通过微信崇左群的几个同学家长,找到了能联系上的一个同学,又找到和我同宿舍的张同学的电话,找到了我。"淘淘,你不吃饭的吗?""吃啊,吃得好好的,怎么啦?""不对啊,我看到校园一卡通消费金额是早上3元哦,3元你吃得到啥?中午8.5元。今晚吃了啥?才7元,这么离谱?!""吃饱啦,我吃得挺好的呀,我们学校食堂有好吃的番茄炒鸡蛋,大鸡腿才4元,冬瓜紫菜汤0.2元……"从电话里透过满满怀疑,我相信电话那头忧心忡忡的老母亲啊,肯定是错愕地以为我不懂吃饭了。如果有机会,她一定非常愿意亲身体验这跟不上时代发展的三中食堂里"廉价"的菜肴。

从进三中的第一个早晨,我就和食堂阿姨打交道了。一日三餐阿姨们每一声亲切的"同学好啊!吃点什么了",不管是炎炎夏日还是秋风渐凉,一句温暖如家人关怀的话语,就像春风吹拂,又如涓涓暖流。细心的人,一定会发现阿姨每一勺饭菜都打得满满当当,你想象的"抖菜"技能断然是没有的。

　　10月的一天,我们因新冠疫情而实行了隔离,那一刻多少有些惆怅和想家。"开饭喽!"熟悉的声音在宿舍走廊响起,食堂的阿姨准时送来热气腾腾的饭菜:一个大鸡腿、一碗冬瓜汤、一份西红柿炒鸡蛋和一小碗米饭,都是平时我爱吃的。绝对是真爱啊!虽说比不上家里的饭菜丰盛,但那一份份带着温度的饭菜,无处不倾注着阿姨们的关爱。望着她们带着善意和关切的眼神,我们的眼泪瞬间抑制不住了。她们对于我们这些离家学子无微不至的关怀和照顾,让我们在隔离的情况下也不用担心吃饭问题,仍然能够安心地读书学习。她们无声地传递着爱和关怀,这份爱如同一块方糖,没入热气腾腾的饭菜中,消融在我们的周边,飘香在我们的心田里。

　　永远爱我五象三中充满"真·爱"的"廉价"菜肴,还有"暖胃暖心"的食堂阿姨!

风味·三中

张梓骐 南宁三中初中部青秀校区
2019级（3）班

俗话说得好："民以食为天。"由此可见，饮食对于人们生活的重要性。经过长时间辛苦学习，南宁三中学子最渴望的就是下课后吃上一顿美味的饭菜。而南宁三中食堂美食颇丰，令无数学子心向往之。在读的学生感叹食堂饭菜的甜香可口，已毕业的学子怀念食堂饭菜的香气迷人。

作为一名三中学生，吃上一顿食堂的饭菜，身心的疲惫便都消散了，这或许是三中学生总能以饱满的激情投入学习中的原因。与众不同的是，南宁三中的食堂还有着浓浓的人情味。

早上，无论多早来到食堂，都会看见有食堂的阿姨叔叔站在窗口后等待。他们虽然戴着口罩，但掩盖不住眼里的微笑。菜盘上摆满了各种各样的食物，有饺子、卷筒粉、馒头、包子、粥……每有学生到来，阿姨叔叔总会亲切地询问："同学，吃点什么？"让人感到无比温馨。记得有一次，我买了一个馒头、一个包子，阿姨微笑着问道："同学，要不要买杯豆浆，不然这样干吃太难受了，你在这顺便把钱付了，待会直接去那边窗口拿会方便一些。"听完很是感动，便答道："好的，谢谢阿姨。"南宁三中的食堂阿姨叔叔对同学关怀备至，使同学在学校也感受到像在家一样温暖。

中午和晚上的饭菜最为丰盛，因此每当老师的"下课"二字从嘴里说出，同学们都像脱缰的野马一般冲出教室，每个人的速度都堪比博尔特。尽管如此，一些同学到达食堂时，仍然发现每个窗口前都排着长队。菜盘上，有番茄炒鸡蛋、苦瓜炒牛肉、柠檬鸭等各种各样的美食。有些同学只吃肉，不吃青菜，这时，叔叔阿姨都会善意地提醒同学要荤素搭配，注意饮食健康。那些同学也会心怀感激地对叔叔阿姨说："那便再来份青菜。"食堂中处处洋溢着温暖的气氛。在欢快的聊天声中，师生们结束了用餐。回去的路上，同学、老师们仍在讨论今天某某菜品的美味。饭菜的香味仍然在牙畔萦绕，在胃中激荡，令人回味无穷。

在食堂用完餐，同学们都回去午休了，食堂的叔叔阿姨却还在工作：他们将老师、同学们倒掉的食物残渣运走，将餐盘和勺子收走，从后厨拿出扫帚和拖把，开始对食堂进行清扫。我们能坐在干净整洁的食堂中享受用餐的愉悦，都是食堂的工作人员在背后默默付出的成果。他们不言苦与累，在下一个用餐时间前都会做好一切准备，到用餐时间又再次面带微笑为师生服务。

南宁三中食堂工作人员体贴入微的关照,提供的美味的饭菜,给人以温暖如家的体验,让在校学子深深感激,使南宁三中"真·爱"教育的理念也更深入人心。作为一名三中的学子,我倍感骄傲,倍感自豪!

美食三中
——记三中饮食

谢宝萱 | 南宁三中初中部青秀校区 2019级(6)班

南宁三中令人向往的,不仅仅是丰富的校园生活,还有食堂里那各种美味的小吃。民以食为天,吃得好也算是人生的一种追求。我想,南宁三中的饮食条件,一定是令其他学校的学生羡慕的,也是作为三中学子值得自豪的。

南宁三中的美食种类多,不用担心因挑食而吃不上饭。从大众爱

吃的番茄炒蛋和一些家常小菜,到各种过节时才能吃到的"奢侈品"如鸡腿,还有一些在外面吃不到的创新菜品如青椒炒火腿,各种素菜、荤菜应有尽有,五颜六色的菜如调色盘,颜色鲜艳得令人垂涎三尺。每当最后一节课下课铃声响起,就是青秀校区干饭人狂欢的开始,也是食堂叔叔阿姨们忙碌的时候。打饭的队伍已排成长龙,他们不慌不忙,快速又精准地盛好饭菜。每当我打得少的时候,他们总是会关照我:"才一份菜,够吃吗?"在打饭的时候,他们从不吝啬,总是会往多里打,生怕我们不够吃,通常七元钱不到的一份饭,就能让人吃饱。在我来得晚、食堂人少的时候,我还能和他们聊上天:"这个木耳炒鸡肉很好吃,来尝尝吧!""要多吃点肉,正长身体呢!"每一句话,都流露出对我的关怀。

食堂不仅正餐十分丰盛,还有各种各样的小吃。不同于校外便利店的零食,它们都是食堂阿姨们自己制作的,安全又健康,让人吃得放心。小吃的种类十分丰富,有南瓜饼、糯米饭、艾叶粑粑,还有各种甜品如绿豆海带、玉米糖水等,更有许多的饮品如红茶、绿茶、菊花茶和椰奶。这些美味的小吃,为我们学习提供了前进的动力。吃得快乐,学得快乐,作为南宁三中的学生,这是多么幸福的一件事啊!

傍晚,同学们结束了一天劳累的学习,来到了食堂,黄澄澄的鸡排让人看了食欲十足。这丰盛的晚餐,就当作给刻苦一天的自己的奖励。暖黄色的灯光洒在身上,嘈杂的背景作伴,让人感觉到说不出的温暖,内心的疲惫得以缓解。酥脆的鸡排下肚,配上甘甜可口的菊花茶,清凉又解辣,美味极了。吃着晚餐,聊着天，一天的烦恼便烟消云散。

吃食是一种幸福，品味是一种情趣。南宁三中在饮食方面给了老师和同学们无微不至的关怀，感谢学校，更要感谢辛勤付出的食堂工作人员们。是你们兢兢业业、默默无闻的工作，用"真·爱"的关怀，让我们有了良好的就餐环境。学校对我们的付出，我们看在眼里，记在心里，唯有努力学习予以回报！

舌尖上的三中，
舌尖上的青春

李丽 | 南宁三中五象校区
2022级（8）班

　　唐朝诗仙李白得意时赏遍山珍海味，扛不住仙露琼浆的魅力；失意时落笔成诗，全靠一壶美酒的魅力；于我而言，南宁三中佳肴的魅力是无处不在的，更让人魂牵梦萦的是背后倾注于菜肴中的一些事与一些人。

　　舌尖上的三中，鲜。

　　日常中的我们。我想我一辈子

都不会忘记,在凌晨三四点,那食堂里明晃晃的灯光高调亮起却又显得小心翼翼,似乎在担心弄醒了谁,那灯光一副精神抖擞的样子,可明明才4点钟,它不觉得疲惫吗?食堂叔叔阿姨们紧张地忙碌着,发出的叮当响声与茫茫黑夜显得格格不入。待到清晨6点后,同学们陆陆续续揉着惺忪的双眼走进食堂,抱着热气腾腾的包子上了教室。我喜欢吃粉,尤其是三中的粉,它的肉很鲜,汤很鲜,葱花的点缀更是锦上添花。我知道,肉是刚煮好的,汤是刚煲好的,是叔叔阿姨们用休息换来的,怎会不鲜?

舌尖上的三中,咸。

回忆中吃着土豆焖鸡、烧鸭的生活,在时间一天天的流逝中滑过。并不是它们变味了,而是我们成熟了。眼前,烧鸭褪去它美丽的外表,我看到叔叔阿姨在一口极大的烤炉前一遍又一遍地翻着,生怕那烧鸭皮不脆、色不艳。他们谨慎地放入调料,他们追求完美——其实可以不必如此完美。我贪婪地、津津有味地吃着烧鸭,啃着土豆焖鸡。我不停,阿姨也不停。

她一手抹布一手水盆，细细地擦拭着桌上的油迹，清理骨头米粒……那一刻，让我觉得就像热传递，在填满自己的同时也在消耗着他人。他们辛苦做出来的饭菜，怎会不咸？

舌尖上的三中，涩。

放学时刻，去往食堂的路上总是人潮汹涌，我便也是其中一朵浪花。一天，那条路上多了一块礁石，是一个阿叔。他站在一旁，背着手，看过往人群，看少年青春如歌，看他们奋力拼搏，他轻轻一笑，大抵是看到了他年少时的影子；他又摇了摇头，深深地叹了一口气，大概感慨自己年少时不勇敢，于是踱着步向汪洋走去直至被淹没。那天我点了绿油油的青菜，阿姨舀了一大勺菜都漫出了勺子，多了的青菜显得略有几分爱意。

舌尖上的三中，有美味佳肴，有人情世故，有青春故事，它是一部MV，而我们都是MV中的主角。且食且享受，且行且珍惜。

四方食事，舌尖天堂

许殊竞 | 南宁三中五象校区
2022级（9）班

"四方食事，不过一碗人间烟火。"汪曾祺笔下的佳肴有感，让我不由想起了南宁三中的食堂——我的舌尖上的天堂。

南宁三中的食堂是宏伟的，规矩地摆放着、记录佳肴的餐桌。传递美好的餐台诉说着属于舌尖的温情。那人潮拥挤的寻味之地，宏大而又狭小，似将五湖四海的菜系锁在了方寸之地。香风在记忆中晕开，我苦苦追寻人间至味，蓦然回首，原是身边。

曾惊讶于食堂中的螺蛳粉。玲珑剔透的玉石如同碎银散在浓汤中，化作米线；点缀着两三颗油果，是美食之海中的岛屿；在香味中化作青螺，乃"遥望洞庭山水翠，白银盘里一青螺"之态。一碗粉，一阵香味，是从汪曾祺先生笔下流淌出的意境，折服着三中的学子，给予着突破的动力。最喜人的莫过于窗外春潮带雨晚来急，我于室内品味。这是陆游笔下的听雨，窗外树木因雨而摇曳沉醉，雨在空中舞蹈，心中溢出雨水。沉醉于这片刻的宁静，是一种守得云开见月明的耐心。而那独特的美食，也浓浓地记在心头，久难忘怀。

食堂中的菜肴是珍品，也是南宁三中的精髓。可人的蔬菜，在历经烹饪后憋出了动人的妩媚，也有精神的肉食，将美味掬揽于五脏六腑之中，在不知不觉中勾动着学子的目光。卖饮品的餐点，绿豆沙的颜色粘在每个人的目光上。菜点中的番茄炒蛋，竟躲过了食堂工作人员的看守，一个不经意间，便叫醒了仍在小憩的花猫。仔细看，三中学子津津有味地品尝美食，少年那开朗的笑容，是永不褪色的照片；镌刻着满足的痕，是流年，摇曳在南宁三中校园。

舌尖上的三中是美味激活学子味蕾的瞬间，是学子们精神的写照。正是一点浩然气，那意气风发的少年才能谈笑风生，在美食给予了力量后创造佳绩。食而有味，品而成道。

舌尖是苏子瞻"时绕麦田求野荠，强为僧舍煮山羹"的豁达，是"桂花香馅裹胡桃，江米如珠井水淘"的欣喜，是"胡麻饼样学京都，面脆油香新出炉"的告慰。沉醉于古典诗词中的唯美之食，追求那"山寺月中寻桂子"的意境，寻得只有模糊的怅惘。回首，原来美好就是南宁三中的食堂。有了它，便是舌尖至味。

四方食事就是烟火人间。我再看汪先生的书，多了豁然开朗。将尽的晚风吹干小巷，秋风似雨打蕉叶。我取九天上月色作笔，以万里山河作墨，书下至味，舌尖上的三中美好，永不褪色。

我们的三中，
我们的"食"事

粟琪惠 ┆ 南宁三中五象校区
      ┆ 2022级（13）班

　　食堂，每个三中人忘不掉的地方。无论是在大洋彼岸求学，还是在北上广打拼，三中学子对食物独有的感受随着他们的步伐去往天南海北。那时，他们或许吃惯了山珍海味，又或许挑剔的味蕾正在美食中作祟……但无论走到哪里，那抹伴随着我们拼搏岁月的三中味道，总是不可避免地萦绕在每个三中学子的舌尖。

南宁三中的食堂,就如古老的先农一般,从春种到秋收,从夏耘到冬藏,每一个环节,都有其独特的匠心和气韵,每一个步骤都指向不同的味觉盛宴。热锅翻炒,辣油直泼,滚烫的油遇上新鲜多汁的食材,美味,就在一瞬间锁定。淋上酱汁,撒上调料,从最根本的地方锁定料理最原本的风味,美味,就在一刹那定格。白豆腐配小葱段,黄色鸡蛋搭红色番茄,绿色豆角混棕色牛肉,红绿白全部出席;胡萝卜炖排骨、西蓝花炒肉片、小鸡炖蘑菇,煮蒸炒轮番上阵;炸鱼

加薯条、蛋挞和披萨、凉粉菊花茶,中西方统统有份。热腾腾的水汽自刚刚出锅的菜肴上升起,闹哄哄的喧嚣乐章从后厨中流出,熟悉的菜香勾得人馋虫阵阵,热心的食堂师傅带给我们家的感受。这些永远温暖的饭菜,其中所包含的,远不止日常生活中的柴米油盐。

或体现色彩搭配的极致运用,或体现味觉把控的精细拿捏,南宁三中的三餐,同样散发着美食的温度。早上的食堂外墙的小草还带着晨露,食堂里就已经开始了忙碌。从煮鸡蛋到煎蛋饼,从糯米鸡到肉包子,松软的口感在口腔中瞬间爆发,鲜甜的滋味于味蕾上炸裂,每一口,都是汁与舌的碰撞;每一下,都充斥着早上有口热饭的喜悦。有人说,美好的一天始于一份热腾腾的早餐,那种从身到心的幸福,大抵就是如此吧。中午的食堂伴随着清脆的放学铃声开张,午间的暑气,总是能用食堂的糖水有效地浇灭。菊花鹅黄色的可爱花瓣在琥珀色的茶水中沉沉浮浮;晶莹剔透的黑凉粉安安静静地躺在红糖水的底部;小小的西米如洁白的粒粒珍珠,裹在厚厚的椰乳中。或许南宁三中的食堂不是世界上最好吃的食堂，但它一定是最让人安心的，是每个三中人眼中不可替代的第一。傍晚的夜色和食堂同时上线，带着些许疲惫的人，总能在这里得到片刻心灵的小憩。螺蛳粉爽辣，同时夹杂着酸笋和酸豆角的爽；炖汤饺子醇厚，又能还原大骨汤的绵密和饺子馅的丰富；麻辣烫火热，还有种说不出的暖，偷偷藏在口感多元的食材里。在南宁三中食堂，总有一款能够满足你的味蕾。

每一份菜式的背后都饱含着制作人的汗水，每一个烹饪方式都凝聚着他们独特的情感表达。无论脚步走多远，南宁三中食堂的味道熟悉而顽固，就像一个味觉定位系统，一头锁定了一生奔波的我们，另一头则永远牵绊着记忆深处的三中。它以独特的方式提醒我们，认清明天的去向，不忘昨日的来处。

唯有爱与美食不可辜负。天下四方的食事，或许都敌不过南宁三中食堂这一碗小小的人间烟火吧。

味中意，正浓浓

廖佳颖 南宁三中五象校区 2022级（14）班

绿树环绕，坐落在群树内部的，陷入在人潮之中的，散出飘香的，是学校食堂。其中，五味俱全、四色皆备。

朝雾轻启，薄阳正升，穿过云雾罅隙，降落在校园地面上，映出匆忙人群熙熙攘攘，迈着步子——"西风吹冷透貂裘，行色匆匆不暂留"。进了食堂，才感觉有了歇脚之处。

在夏天,挂在天花板上的风扇成群结队地"吱呀吱呀"地转。嘈杂声中,能听见同学们在聊天,走近窗口,能看见阿姨亲切的笑容,温暖又惬意,平缓又激情。"同学,不用客气啊……"说不上标准的普通话,甚至夹带着点本土方言,口音之中,是暖意,温暖着早晨。口音中的暖意,正浓浓。

早餐热腾腾的,刚刚好暖着手。腾腾热气随着风直扑面颊,我的思绪随此飞舞着。也许在天蒙蒙亮时,食堂的阿姨们就开始忙碌了。汗水与辛勤筑起温暖的空间,关心与爱意填满人与人之间的空白。夹起粉,热雾更甚,扑进我的鼻腔。香味直吹我的头顶,热气和香雾在空中舞蹈,传到彼方……卧在汤粉中的茶叶蛋,此时吸满了汤汁,正懒洋洋地沉着,蛋黄喝足了水,脸色却涨红,唤着早晨的阳与雾。食中味,味中意,正浓浓。

我喜欢上午下雨,看着雨滴敲打在教学楼屋檐,吟着雨的旋律。此时,泡一杯香茗,听窗外嘈嘈急雨,看手中娬娟绿茗。品一口，待雨转小，又听切切雨声，似私语。又仿佛琵琶乐音，兜兜转转，轮扫相换，清脆动弦，悠扬婉转，意趣渐浓。香茗随风，大起兮，飘入光阴。我便言，茗中味，正浓浓。

正午，烈阳高照，脚步清晰踩在路上。像破晓，又并非破晓，热烈。食堂里的烟火气不输热情的中午，像是阳光直射，焦灼。见排队时捧着书、执着笔的同学们，见从容不迫的阿姨们仍然忙碌着，为我们打上饭菜。人多，菜丰富。见嫩白豆腐躺着，苋菜堆在盘中，菜的颜色是暗绿的，像沉淀许久的翡翠，鲜艳却不沉着淤塞；米饭晶莹剔透，遍体通灵，若磨洗过的汉白玉珠，在光底下能迸出柔弱的闪。又移眼，见到螺蛳粉。腐竹和木耳酸笋潜藏在粉中，碗里。汪曾祺在书中说过，广西人爱吃酸笋。广西人对酸的喜爱确实是可见一斑，抑或是辣味、甜味。在食堂里，可见五味，可尝五味。

说是食堂，不如说是味觉的博物馆，是舌尖上的宝藏。螺蛳粉汤极鲜，辣椒统统藏在汤底，得捞出来才知道。辣椒呈片状，不时出现些辣椒渣，浮在汤面。辣椒颜色是鲜红色的，看了让人直喘气、直冒汗。木耳在这红黄相间的殿堂里增添沉稳，也是增加口感趣味的工具，味道不受辣椒的浸染。我便将它想作美食中的莲，红莲也好，白莲也罢，因不受染，便显得清净许多，多少有点亭亭玉立的滋味。有此衬托，豆角像是莲塘中的泥，别认为泥毫不起眼，没了可不行！它是营养，是一池莲的根基。豆角则是莲塘上的风，底味、口感少了它就会感到异常。食堂里的螺蛳粉，说是美食，更像夏日荷池图，是美的熏陶，同样也是舌尖上的滋养。辣意混在美感里，错综复杂，味中辣，味之层，正浓浓。

浓浓校园景，浓浓人间意；浓浓美食魂，浓浓幕中戏。食物是心灵上的抚慰，其中蕴含的真情更是人与人的暖意。食物至味，正浓浓；人间温情，亦浓浓。真情藏在食堂角落，扑鼻沁香，味中意，正浓浓。

百年三中,百般滋味

范锶鋆　南宁三中五象校区
2022级(16)班

"日啖荔枝三百颗,不辞长作岭南人。"苏东坡在诗词之外亦以"食客"闻名于世,在行程中尝尽人生百味,这是独属于他的快意。所幸,置身南宁三中校园,只消细嗅其间流淌的食物香,便能尝尽百般滋味。

滋味·力学

清晨的食物香比鸡鸣更早带来黎明,赶着铃声而来的是三中的学子。他们沉没在醇厚的香气中,捧一杯豆浆或玉米汁,伴一份尚温的糯米鸡或骨头粥,收获温暖的力量,浮云一般,郁结片刻便悄然飘散,于是,他们步履更轻、步履愈快,正如他们日日重复的,携着知识走在通向未来的道路上,心底还珍藏着那般温暖的滋味,进而育出新的滋味——力学的滋味来。

滋味·真爱

比起早早去到教室的学子,老师们迎来那份食物香的时间却往往更晚。每每进出办公室,往往看见那份已失了暖度的早餐,正静默着躺在一方桌面上。与这截然不同的是,门外如蜂拥般求问的学子与怀着一腔热心答疑解惑的师者,这些炽热的目光温暖着每处,又孕出"真·爱"的滋味。这般滋味,悄无声息地,从百年的校园中传承至今。

滋味·坚守

在一轮轮的人潮回归课堂之中后,食堂的叔叔阿姨才从上一轮忙碌中脱身,便又带着疲惫迈入下一轮忙碌,沟壑纵横的手掌十年如一日地浸在冰凉的洗碗水中，却在中午一轮又一轮的人潮中，将温暖的饭食稳稳当当地递给一个个饥肠辘辘的人。更有在宿舍忙碌着的生活老师，在饭香渐散时，仍在楼道穿梭，不时为大家送上鼓励的话语、暖心的字条，像长辈，更像朋友、家人。他们总是无言的，却也总是微笑着的。他们用行动诠释着坚守的意义，也在偌大的校园中创造了一个温暖的归属，带给我们一种幸福的滋味。

滋味·传承

敦品力学，"真·爱"教育，百年三中，百年传承。尽管一批又一批学子走过，尽管一轮又一轮四季更替，但如初生朝露般美好的滋味却在校园里得以传承，甚至被带出校园，成为一生的滋养。这份滋味在食堂是美食佳肴，在教室是纸墨书香，纵然浅淡，如春雨酥酥，濡养心灵，却也浓厚，在百年的时光中流淌至今，淌进眼眸，又流向心底。

正因传承，我们得以品尝美好的滋味；

正因传承，我们又将创造独属于自己、独属于新时代的三中的滋味。

滋味·再续

仰面观青山如笑,俯首窥方塘映月。新时代的三中,新一代的三中人有自己的朝气。我们无畏,因而敢闯敢拼;我们不屈,因而坚韧不拔;我们心怀热情,心怀憧憬,因而敢于向前人学习并不断创新、超越;我们心怀感恩,因而从未迷茫。

有幸置身于三中校园,更有幸将青春置于三中百年年华之中,我看见莘莘学子、殷殷师者,看见勤耕不辍、奋斗不息,抬首,恰有百花开。百般滋味,皆在其中。

愿做一食客,于三中品味温暖,于三中品味坚守,于三中品味百般滋味,充盈你我。

家的味道,三中的味道

卢薪羽 南宁三中五象校区
2022级(22)班

从手到口,从口到心,三中人延续着对世界和人生特有的感知方式,只要点起炉火,端起碗筷,每个三中人都在某个瞬间,参与创造舌尖上的非凡史诗,脚步匆匆,从来不曾停歇。

清晨间歇下着小雨,教学楼被迷雾围在寂静的笼里,一阶一阶的路灯,亮白色的灯光轻轻敲着路面,在这浑黑潮湿的晨，只有一处亮着暖橙色的柔光，吐出温热的气息，轻轻唤着孩子们起床。撑起小伞，踏着晨露，投进了食堂的怀抱。"阿姨，我要一杯豆浆。""阿姨，我要一碗汤面。""阿姨，我要一个豆沙包。"一个个声音在窗口前轻呼着，天还浑黑着，食堂已经成了热闹的卖场。前面的同学仔细挑选着，后面的同学们踮脚张望着，从窗口后飘出的香气撩拨着每个同学的味蕾。拿到一杯豆浆、一个粉丝包和一小份水饺。端着盘子，坐到座位上，先抿一口豆浆，醇香的豆汁直击心灵；嚼一口包子，白菜、豆皮、粉丝吸饱了汤汁，浓郁的香气融化在唇齿间；用竹签扎起一个水饺，蘸点香油小醋，肉香充斥着口腔，香而不腻；最后再来一口豆浆收尾，一天的激情都在这里被点燃。

转眼间到了中午，艳阳高照，地面被烤得冒出了热气。操场上同学活力四射地奔跑着，教室里老师激情洋溢地教学着，"叮叮——同学们下课了……"12点10分，广播响起了下课铃，此时，同学都已经整装待发，准备转战下一个"战场"。一放学，食堂里，同学们蜂拥而至，不到五分钟，已经挤满了人，午饭的菜品比较丰富，但最受欢迎的还是螺蛳粉。粉是刚烫上来的，带着汤底的温热，阿姨接过碗，向碗里加配菜：酸笋、豆角、腐竹……一个配菜一大勺，把碗填得满满的。再来到汤锅前，舀一勺浓香的汤，淋入粉中，香味溢散开来，把同学们的肚子勾得直叫。这个炎热的夏日，怎么能少了甜甜的饮品呢！黑凉粉、菊花茶、绿豆汁……冰冰凉凉，瞬间融化了同学们学习后疲惫的心。

　　天色渐晚，天空尚有余晖，校道上拂过一丝丝清爽的风，校园此刻是火热的。操场上、宿舍里、食堂中，还有一个地方也正在火热地进行着活动——那就是我们的种植园。绿意盎然的种植园，五彩的瓜果蔬菜点缀其间。丰收季又到了，同学们正在进行采摘。又回到食堂，晚上的菜品十分丰富：番茄鸡蛋、红烧茄子、豆角牛肉、酱汁烤鸭……还有一个窗口十分特殊，是一个分享窗口，里面摆了几盘芋头、红薯，那是同学们辛苦种植的蔬菜，一采摘，就送来了食堂。芋头、红薯蒸得粉糯糯的，咬下去，一口香甜，又香

又软,虽然没有炒的菜那么抓人胃口,但吃过的人都赞不绝口。大家共同分享着那份香甜,也共同分享着劳动的快乐。

  一日又一日的时光似行云流水,匆匆而去,一批又一批的学生来到三中、走出三中,而不变的是食堂那丝香气,那是同学们一颗一颗真诚的心创造的。在有快乐、有悲伤的校园里,它温暖着三中学子的内心,凝聚着三中学子的力量,深深地埋藏进了我们的心里,带给我们忘不了的家的味道,那是三中的味道。

有味,清欢

张靖暄 | 南宁三中五象校区
2022级(22)班

苏轼在《浣溪沙》里写道:"雪沫乳花浮午盏,蓼茸蒿笋试春盘。人间有味是清欢。"有味,五香味在四方;清欢,简单方为大雅。人间有味是清欢。有味,是酸甜苦辣;清欢,不同于酸甜苦辣。而味与清欢,一并积淀在这百年黉宫,一并在舌尖涌动。

早在进入南宁三中五象校区之

前,就已对三中食堂有所耳闻。那天,阳光热烈地洒在葱茏的草木上,映射在食堂深蓝的玻璃上。光影交错,站在玻璃前向屋内瞥去,难以窥见其间容颜,隐约想象着山珍海味,边克制着,耳边学姐滔滔不绝,又更加撩拨我的心。"鸡块表皮酥脆,鸡肉白嫩。一口咬下,先有脆皮的刺激,又有肉的甜嫩感。随着咬动,酥与软的碰撞,对味蕾是一次次的冲击。""螺蛳粉味道浓重,每一缕散在空气里的气味都是诱惑。粉条细长,韧度适中,一咬就断,伴着螺蛳汤味,在口中细细嚼咽。吃粉时总感觉辣意,直到吃完了,酸辣依旧眷留在喉咙里,到明天又提醒你来吃粉。""茄子味足,本身极具风味,每每咀嚼,都能感到味道一点点散开,溢满口腔。茄子汁尤其适合拌饭,混在一起时,既有米饭的清甜,又有茄子的酸软。"学姐绘声绘色地描述着,那些虚幻的味道逐渐凝聚成实,从四面八方来,争先恐后钻进我的五官:鼻子里灌满五花八门的气味;眼睛已然看到各式各样的菜品,在灯光下色香味俱全,令人垂涎三尺;嘴巴不由自主地张开;手就举着勺子勺起饭往嘴里送。

口腔包裹住饭的那一瞬间,是不真切的。当我从各种思绪里挣脱出来时,才发现自己已经飘到了食堂里,在深蓝色军训服组成的海浪中,我坐在位置上,吃到了在食堂的第一口菜。咬一口黄金鸡块,感受酥脆与软嫩碰撞;吃一块土豆,感受温热的土豆在口中化开;品一口茄子拌饭,清甜与酸咸冲击大脑。学姐的描述毫不夸张,当我把勺子落在光盘中,心说。诚然,这是一餐叫我脾胃满意的晚餐,可浓烈的饭菜香味只能顺着食管向下,来得猛烈,去得也干脆。

这样的一日三餐灌注在我的身体里，被五脏六腑吸收，恰恰没有流回心中。菜品固然美味，但总觉得，差些味道。

而9月的某个阴天早晨，我终于勘破重重纷扰，寻找到了我要的味道。

阴天，凉意从脚底升起，树叶滚落路间。本就看不到阳光，黑云汹涌，颇有压城之势。路上来往者都撑开伞，遮住了望向玄天的视野，更显压抑。当我走进食堂里，窗口已零零落落地关掉了，空旷的食堂中，人群都在朝门口走去。我和他们擦肩而过，彼此间带起风，寒意携卷。窗口里是干净整洁的台面，阿叔已经开始收拾东西了。我心底漾起一阵涟漪，不会没有东西了吧？"阿叔，还有什么吃的吗？"我忐忑道，已经做好了饿肚子的打算。"小姑娘来这么晚，还剩有馒头。""那要两个馒头。"手心触碰到馒头，温热传递过全身。早秋寒凉的天里，猝不及防的温暖灌进心里。"这……热的？"阿叔一边收拾着，头也不抬，"当然热的咯，食堂总会给你们留菜的。"我心中倏然升起一股温暖。我凝望手中的白馒头，一瞬间，仿佛它也在看着我，用那样静静的目光。或许它一直躲在窗台后，望着一个又一个的来人，看着身边的朋友离去，自己却不知还需要多长时间的守候。

思绪纷飞，再注视这个馒头，第一次有了那样强烈的品尝的欲望。我掰开馒头，撕了一条来咬。牙齿刚接触皮面时，就被深深吸引了。皮面在舌尖跳动，像一条无形的丝牵引着我更多地咬动。随着咀嚼，馒头的甜味渐渐被激发，每一次开合牙关，都能逼出它一缕缕的甜。那丝甜恰到好处，多一分过腻，少一分则无味。这是一种淡淡的美味。它一直存在着，留在唇齿之间，却不刻意勾起你的记忆。这是等待迸发的甜，这是馒头本身自带的纯，这是寄托着三中情意的真。简单的味道突然复杂起来了，我苦苦寻找词汇来表达这样的感受，可再多的语言都无法描绘，只余一个"清欢"来形容。人间有味是清欢。清欢不止唇角，更有心底的欢愉。

人间有味是清欢。清欢，不止是一种味道，更在于意蕴。正如这个馒头。它本是个馒头,可蒸笼里的保温、不变的守候,已经注定它不只是个馒头了。它的魂里寄带着学校对学生们的关爱,这样的情感,同馒头的味一样,清淡至简,却亘古伴随。

三中有味是清欢。有味,溢满画卷般浓墨重彩的食堂;清欢,深藏在热腾腾的永远等待的白馒头之中。有味与清欢二者本不冲突,味是清欢存在的前提,清欢则是味更深层的意蕴。三中有味是清欢。三中的味与清欢不止存在于食堂里,更是有形无形地都化为春风细雨,以耕桃李。但可以肯定的是,无论是鸡块还是馒头,在舌尖涌动的,不止是味,不止是清欢,还有三中亘古不变的"真·爱"。

味蕾的享受,内心的慰藉

杨博雅 | 南宁三中五象校区 2022级(24)班

　　清脆的铃声犹如一个信号,仅仅一响,便可以轰动全校,少年们在阳光下拿出自己最快的速度向着食堂冲去。

　　我并不是他们中的一个。我慢慢地走在夕阳下,阳光把我身后的影子拉得很长,而我沐浴在这阳光下,细细思索着我将要享用的食物。

　　南宁三中的螺蛳粉一直是热

门抢手项。洁白如雪的粉,搭配上鲜红如火的汤,吸入口中,辣味在舌尖爆开,刺激着味蕾,浓重得直冲脑门,好不爽快!喝一口汤,它顺着喉咙滑下,又暖又辣,喉咙得到了非凡的滋养;继续下坠,流到了胃部,在稍稍有点凉意的天气中,它温润了冰凉的胃,使人感到身心舒畅。当然,螺蛳粉并不是我的首选,今天吃什么呢?在我思索期间,抬头便隐约看见被浓密的绿叶遮挡住的食堂。

饭菜的香味顺着喧嚣的风,穿透绿叶间的缝隙,伴着阳光的暖意,就这么撞在了我身上。轻轻一嗅,混杂着各样味道的风便进入了我的鼻腔,以及我的大脑,抚摸着我的脑神经,痒痒的感觉使我不由得加快了脚步。

甜糯的米饭浮现在我的脑海中,再配上两道令人的垂涎的菜肴,比如红黄相撞的番茄炒鸡蛋;红棕相融的红烧肉配胡萝卜,这胡萝卜软软的口感加上有些许黏稠的汁,咬一口是满满的香味;朴实无华的香肠,入口全是肉的感觉,微微有一些辣的味道充斥口腔,让它们在舌尖上弥漫开,浸润我们的心灵,在繁忙的学习中偶得一丝闲暇，偷来半日享受。

进入食堂，排上队，灯光映射下的菜肴更加可爱诱人，敞开怀抱，等着我的选择。鲜明的色彩与鲜美的香气交织在一起，同时抚摸着我的大脑，我的视线不自主地定在了它们身上，无法移开，也难以选择。只是在我将它们送入口中前，我发现没有带饭卡，我想着先把它们暂存于阿姨那里，可阿姨却说没事，第二天再来连带早餐一起刷就行了。这饭菜，终究还是进入了我的胃里。

望门外，是暖意十足的橘色，覆盖着大地，闯入我的视线，流入我的心中。饭菜在舌尖上的味道，已不仅是它本身的味道，而是掺杂着温暖与善意，化成一股特殊的味道，吃在口里，感在心中。

在三中，不只可以品尝到食物的鲜美，也可以品味到人性的美好。夕阳下，食堂有缄默无言的外表，却拥有热情似火的内里。

舌尖上的三中，是味蕾的享受，也是内心的慰藉。

"做饭人"的苦与乐

李雪芳 南宁三中初中部五象校区 2022级（6）班

俗话说："民以食为天。"吃为天下第一大事，对于南宁三中的学子来说也毫不例外。要想吃上美食，就必须先制作美食。关于制作美食，食堂的叔叔阿姨肯定早已轻车熟路了，这对于他们来说简直是不在话下。

你别看他们每天只是重复做菜，其实他们也有苦与乐。

当每天放学铃声响起的那一刻,同学们哼着小曲,踏着欢快的步伐来到食堂。同学们站在窗前,将那一道道美食一览无余,兴奋地搓起了手,眼睛里射出一缕缕金光,就连口水也"飞流直下三千尺",迫不及待地想吃上热乎乎的美食。此时,食堂叔叔阿姨嘴角微微上扬,眼神中流露出深深的爱,尽量快速地打着饭,争取让同学们早点吃上美味可口的饭菜。

同学们手里端着装满美食的餐盘,眼睛直勾勾地盯着,慢慢地、稳稳地走到座位上,缓缓地放下餐盘,津津有味地吃上。同学们对这些香喷喷的饭菜赞不绝口:"哇!这菜也太香了吧!"每每这些话进入到叔叔阿姨们的耳中,他们便乐开了花,堪比中了大奖。眼睛弯得像月牙,心里像吃了蜜一样甜滋滋的。

但是,再美味的饭菜也难避免被浪费。有些同学"眼大肚子小",常常会浪费许多饭菜。眼看着那厨余垃圾桶里的剩菜剩饭越积越高,叔叔阿姨们的心情不免复杂了起来。

叔叔阿姨们看到这番景象心该有多凉啊!叔叔阿

姨们每每走到泔水桶前，多希望那是个空桶啊！他们摇摇头，叹叹气，眼睛里充满了失望，但也没有办法，只好无奈地将泔水桶拖走。

"一粥一饭，当思来处不易；半丝半缕，恒念物力维艰。""谁知盘中餐，粒粒皆辛苦"这些名言名句大家都懂，可却还要浪费粮食，该多伤了"做饭人"的心啊。这不是三中学子的作风，或许对你来说，这只不过是粒米而已，但却对"做饭人"来说这是苦苦耕耘一年的劳动成果啊！

我们三中学子在优越的环境中学习，理应"居安思危"，让"做饭人"的脸上天天挂满笑容。

尝一碗人间烟火

唐济华 | 南宁三中青山校区
2021级（10）班

"四方食事，不过一碗人间烟火。"

何谓人间烟火？

是家常菜的热气与馨香，是饭桌旁亲人的笑脸，是小卖部里零嘴的甜蜜，是街头巷尾的热闹与喧嚣，是味蕾上最熟悉的滋味，也是平凡生活的安康幸福。

要说美食，那绕不开的是我们

南宁三中食堂中的一绝——百吃不厌、享誉八桂的螺蛳粉了。

　　螺蛳粉,以螺蛳熬作汤底,以细长粉条为主食,佐以豆泡、腐竹、酸笋、炸蛋、花生、酸豆角,再根据个人口味各加食材。看似平凡无奇,可对于挚爱者来说,每一次品尝都可谓味蕾生津、胃口大开、食指大动。这一碗美食,最煎熬的时候莫过于等候的过程。当你置身食堂螺蛳粉窗口旁,辣香四溢,刺激着你的每个感受器官。身旁坐下的每位吃粉同学,又大汗淋漓地嗦着属于自己的那份螺蛳粉,更让人心痒难耐。随着一声又一声起锅炸油的声音,腹中食欲更是到达极点,浑身只盼着一碗粉来救命。当阿姨把粉端来之时,再端庄的人在此时也不免显得毛毛躁躁,连忙接过,找最近的座位坐下,抓起筷子,把炸蛋浸入红汤,再湿淋淋地捞上来,滴着辣油就往嘴里塞,猛嚼几口,又捞上满筷子的粉,配上星星点点的酸笋、酸豆角,咀嚼之后一并咽下肚,再来一大勺红汤,其间伴着一两个浸满汤汁的豆泡,喝下后长舒一口气。这一套流程下来,才能回归人的理性,慢慢享用这碗美食,滋润五脏六腑。

如果说烟火气意味着日常生活平淡温暖的常态,那么美食以其鲜活的、极具地域的色香味烙印在我们的感官记忆之中,也就成了烟火气最生动的象征——家的味道。

"大米小珍馐,小吃大灵魂。粉好度日月,螺小赛乾坤。"

如今的这碗美食,已经走出壮乡,"大器晚成"的螺蛳粉正以小溪汇江河的步伐走向远方——长江、黄河、大街小巷、千家万户……

苏轼曾在词中写道:"雪沫乳花浮午盏,蓼茸蒿笋试春盘。人间有味是清欢。"或许,人生的感悟、成长的体验、难忘的回忆,都可以在一碗一盏的独特滋味中得到。不管走多远,我们都记着家的味道。

舌尖上垂涎欲滴的三中

钟思泉 | 南宁三中五象校区 2022级（12）班

每一位三中学子都用自己的方式感受着三中——阳光下温暖明媚的三中，歌声里朝气蓬勃的三中，微风中舒适惬意的三中。当然，还有舌尖上垂涎欲滴的三中。

清晨，宿舍灯准时亮起，学子们披着朝露走出宿舍，走进明亮的食堂。打一碗香气扑鼻的粉，拿一份热气腾腾的粥，端上一杯回味绵长的豆浆,或是将肉汁四溢的包子打包带走,在晨曦中补充新一天的能量。偶有好学的学子,在早餐前摆上一本英语书或是政治书,便食而不知其味。然而书中的精神食粮,正悄然滋润着他们的心;那对于未来的小小憧憬,便在氤氲的蒸汽中潜滋暗长。走出食堂,一轮朝阳在薄雾中升起,胃中、心中同时升起一股暖流——清晨的三中,是温暖的。

　　正午,下课铃刚一响起,各个年级大院中就涌出了一股一股的人流,如泄洪般奔出大门,涌向食堂。同学们自发的赛跑,是三中校园中一道难得的风景线,是青春的朝气在阳光下最美的色彩。跟随人流来到食堂,窗前早已排了一条条的长龙。你可以买一杯甜品——奶茶或是凉粉,然后等待着见到整个上午在脑海里徘徊已久的午餐。点餐是一门真正的技术活,要在极短的时间内迅速检阅你看不清的菜品,以绝对的判断力选择两道作为今天的午餐,然后用拆盲盒的心态迎接它们——你可能到这时才知道它们到底是什么。所以,有两道绝对信任的菜是提升幸福感的极好方法,虽然它们偶尔也会让你失望。在人声鼎沸中与两三好友共进午餐，肆意谈笑，一上午的疲惫便一扫而空。回味悠长的土豆炖肉、软嫩滑爽的麻婆豆腐、唇齿留香的柠檬鸭，香气伴着笑声充满了食堂。正午的三中，是热闹的。

傍晚，天边似燃起熊熊大火，黄昏中的霞光奏响温婉的恋歌。倦鸟归巢烟火暖，食堂的炊烟温柔抚慰着每一位学子的心。校道上弥漫着学姐们洗发水的清香，结束运动的少年们风一样地掠过，不约而同地奔向食堂，寻求舌尖的那一份美味。窗口前排开的菜品或许不如山珍海味般华贵，却是学子们心尖最柔软的归宿。傍晚的三中，是最能抚慰人心的。

小小的食堂，折射出日复一日的校园生活；舌尖上的三中，也正是三中真爱的缩影。在舌尖上感受三中，亦在舌尖上爱上三中。

食人间烟火，品三中百年

侯依梦 | 南宁三中五象校区
2022级（23）班

我热爱美食，更热爱南宁三中的美食。

在这里，吃得安心。

南宁三中的食堂，秉持着食品安全至上的原则。新鲜的食物是食品安全的前提：每天清晨都会有一辆车子将新鲜的食材运至食堂，在食堂的附近，总会看见叔叔阿姨们拉着小车运送新鲜的水果、蔬菜到果屋。这时候同学们就会蜂拥而至,将小小的果屋围得水泄不通。手掌大的桃子,粉粉嫩嫩,我常常买来吃,甜脆多汁,与刚从桃树上摘下来的无异;大串大串的青提,身上还挂着露水,一颗颗如同玛瑙般晶莹剔透,圆润饱满。食堂的卫生也是食品安全的重要部分:我们的餐具每天都会被送去消毒;我们的饭桌每天都会被擦得干干净净,没有一点油光;我们的厨房整洁干净,井井有条。

食品安全关系每一个同学的健康问题。我们的食堂守护着我们的食品安全,让我们在任何时候都放心享受舌尖上的美食,真正让食品安全伴随着三中学子,让我们在这里吃得安心。

在这里，吃得快乐。

中午的最后一节课，我们总是可以在教室里闻到食堂飘来的诱人饭香。对于学习一上午的我们来说是极大的诱惑。我们等待着老师的下课指令，老师一摆手，我们就以最快的速度向食堂飞奔。到了食堂，打上一份热气腾腾的饭菜，然后塞进嘴里，是学生时代最大的快乐。每每下课与好友走着走着就走到了食堂，在食堂里边吃边惬意地回想着有趣的事情，也是非常快乐的事情。我们在耕读园挥洒汗水、辛勤劳作而收获的劳动果实，搬到食堂，自己动手烹饪美食。哪怕厨艺不精，做出来的东西只有我们觉得美味，我们也会吃得津津有味并为此感到快乐。

在三中，食堂的叔叔阿姨们紧跟潮流，不断研究新的菜品，只为我们吃得快乐。鸡排、薯条、奶茶、螺蛳粉等我们喜爱的食物，在食堂统统都可以吃得到。在三中，我们不羡慕外面的美食。

在三中的食堂，我们放松，我们充饥，我们无忧。在这里，食人间烟火，品三中125年。

一饭一蔬暖人心

钟杨柳 ┊ 南宁三中青秀校区

我自己做饭既不讲究工序,也不讲究荤素搭配,更不讲究色香味,只要能吃就行。虽然学校食堂的饭菜本身很简单,调料也都是我以前常用的,但做出来味道却比我自己做的好多了,吃着吃着,就能让人觉得浑身暖洋洋的。

因为工作的缘故,我到校的时间算早的了,但是比我更早的是南宁三中的食堂工作人员。每次停好车走进食堂,包、粉、汤、面的香气便扑鼻而来,厨师和帮厨们早已忙得不可开交。他们或不善言辞,或能说会道,但此刻却都很认真地倾听着师生们的需求,准确无误地将干饭人需要的食物搭配好,送至你面前。不知不觉中,干饭人吃着吃着就生出了一种情感——一种幸福、一种莫名的满足感。而做饭人也生出了一种幸福感。这种幸福感并不是来自食物本身,而是来自为谁做、为何做。

营养又美味的鸡排裹着酥脆的面包糠,安静而又乖巧地躺在菜盆中,随着锅中"嗞嗞"声不断响起,裹着面包糠的鸡排在厨师们的腕起手落间像一只只翩翩起舞的蝴蝶,飞入了油锅中。锅里的油比镜子还亮,光照在厨师的脸上,他们的脸就也变得金灿灿的,就连汗珠也反射着五颜六色的光芒。他们的手艺都是地道的,普通的食材在他们的手中能做出别样的味道。时间到了,把隔壁家小孩都馋哭了的鸡排被捞了起来,放置在托盘里,一块一块叠得整整齐齐,就像一位位待时而动的战士,而厨师则是那指挥着千军万马的将帅。金色的鸡块上闪烁着诱人的金光,香酥的炸蛋在托盘中宛如一朵朵盛开的花,红红的胡萝卜、肥肥的香肠……帮厨们把一托又一托盘的美食摆得整整齐齐,再用就餐前的"古老仪式"——拍照后汇成九宫格发送至朋友圈,仿佛在向所有添加了他们好友的师生宣告:今天的食堂也准备了一场色香味俱全的盛宴。

他们可以一边看着自己帮忙制作的食物，一边享受着师生们对美食的期待，这对学校的做饭人和干饭人而言都是一种难以言喻的喜悦。

如果你以为做饭人只负责做饭菜，那就大错特错了。毕竟在学校食堂做饭菜可不是一件简单的事情，而是一门高深的学问。

白白胖胖的鸡腿在餐盘中摞得像小山一样，厨师们熟练地往餐盆中添加调料，为了确保每一只白白胖胖的鸡腿都蘸上特制的酱料，厨师们更是用上了各种翻炒工具。这堆白胖鸡腿不是他们每天要准备的常规菜，而是昨天突然冒出来的预约单。但厨师们都已经熟悉流程了，毕竟这也不是一次两次的事了，但只要提前预约，他们总能安排得妥妥当当，制作得美味十足。帮厨们一边递着调味料，一边微笑着和厨师闲聊，表面听起来像是埋怨某位老师又给他们增加了工作量，但接到预约单后的积极准备和此刻微扬的嘴角都出卖了他们。老师的预约单越大，就意味着班里的孩子们获得的奖励越大，也意味着孩子们的进步越大。光是想到孩子们人手一只鸡腿吃得满嘴油光,还嘟囔着进步或美味的画面,就足以让做饭人觉得这些加量的预约单是值得的。虽然在做着加量的工作,但是这一堆鸡腿做下来,他们都没有丝毫的疲惫,只有满满的骄傲。他们甚至坚信,只要孩子们吃上一口,就一定会喜欢上这种以鸡腿鼓励进步的感觉。他们烹饪的不仅是食物,还是一份份值得孩子们回味的记忆、一次次来自老师肯定的奖励,以及一个个做饭人体贴入微的鼓励。

呷了一口汤,咬下一口香酥的炸鸡排,抬头瞥见几个孩子开心地提着一袋香喷喷的鸡腿蹦跶着离去,余晖洒在他们身上,定格出我记忆里的剪影,那是甘愿赴汤蹈火也要去走它一遍的青春呀。在这个本应寒冷的冬天,南宁三中的食堂里,勤劳的做饭人面前锅里的一饭一蔬不仅暖了我疲惫的身心,也暖了南宁三中老师们和学生们那一颗颗拼搏的心。

舌尖上的南三青秀

陈子璇

如果生活是一幅美丽的画卷,那美食便是那画卷上面绚丽的色彩;如果生活是一座精美的房屋,那美食便是那房屋里温馨的装饰,它能让你感受到生活的美好。工作第五年,回首过往,与经验一同增长的,还有被南宁三中食堂喂饱的,噌噌往上涨的体重……

南宁三中食堂最好吃的,莫过

于那一道剁椒鱼头。剁椒鱼头是我的最爱,它的麻、辣、鲜、香总能治愈我所有的不开心。剁椒鱼头夹杂着热腾腾的白烟被端上桌,白白的瓷盘映着红红的辣油,辣油上是灰黑灰黑的乌鱼头,周围还漂浮着红色、绿色的辣椒,宛若一幅画卷,而非一道菜。夹起一块鲜白的鱼肉,浸一浸辣油,辣辣的味道充满我的鼻腔,每一个细胞都在享受!忍不住咬一口,满嘴辣味,从嘴里辣到心里。

吃完剁椒鱼头，再来一碗清热解辣的冰银耳汤，才是绝配。银耳和莲子在上面静静地漂浮着，既像海里最美丽的风景线，又像一幅绝美的水彩画，不需要太多装饰，也能展现出最精致的一面。将鼻子靠近碗边，一阵香甜扑面而来，舀起一勺放进嘴里，那冰而甜的感觉，瞬间冲走所有不愉快。甜甜的味道沁人心脾，是那样令人愉快。

剁椒鱼头辣，银耳汤甜，面线糊也有它的鲜。晶莹剔透的面线、五颜六色的配料，交织成美丽的风景；吃进嘴里暖暖的，无论什么寒意都会被驱散！如果把生活中各种坏心情都比作疑难杂症，美食就是治好它们的良方！

食堂还会随着时令做一些特色美食，比如端午的粽子，那时临近中考，全校师生们双手捧着粽子，却并不着急送进嘴里，而是高高举起，齐声喊道："一举高'粽'！"每个人脸上都洋溢着自信的笑，墨绿的粽叶在阳光下闪闪发光。这一次，老师、同学们那一双双含着笑意的眼眸，千言万语的祝福浓缩成一句"端午安康"。那一刻,有一种甜弥漫在校园里,是粽子的香甜,更是师生、同学间情谊的甘甜。粽子里有什么?不过是糯米、红枣、猪肉、蛋黄。可是还有什么?有长长相思、深深情意、真切祝愿,还有流淌于每个中国人心中的文化触动、属于中华大地上的同一种甜。美好的祝福在美食中蕴藏,真挚的情感在节日中表达,正是因此,端午的粽子才有了非同寻常的那种甜。

唯美食不负三中四季

李诗华

我喜欢美食，无论什么应季的美味，我都喜欢。南宁三中青秀校区的食堂不得了，每个季节有每个季节的菜，它给我留下的色、味、形的记忆，永远是美的。

春天，万物复苏，和煦的暖风唤醒了南宁三中青秀校区的老树们，大片大片的绿浸润着师生的心田。这种绿成为青秀校区的春天最亮眼的印记。这种绿不仅在三中人眼里,还被吃进嘴里,甜在心里。随着清明节的到来,食堂大厨们端上绿色的、糯糯的青团。混着艾草清香的青团,甜滋滋的、软糯糯的,吃一口,就吃出了一个春天的味道。别看它毫不起眼,它可受三中人欢迎了。师傅早上刚把它端上橱窗,那排起队的人,每人打包几份,分分钟这青团就没有啦!

而夏天,就别具风情。青秀的夏天是火辣辣的,气温居高不下,走在室外,不一会儿就大汗淋漓,你会怀疑自己要蒸发掉了。这"辣"就成了青秀夏天最大的特点。不知是青秀校区哪位"名厨",为了辣个彻底,这打菜窗口多了辣子鸡、酸辣鸭、酸辣土豆丝……不爱吃辣的敬而远之;那爱吃辣的,不得了了,点个全辣套餐,坐在电风扇下,吃得大汗淋漓,还直呼"好爽,好爽"……真是令人啼笑皆非。

当树叶泛黄,青秀飘满"黄蝴蝶"时,你便知道秋来了。青秀的秋和夏在光照和热量上没有明显的差别,三中人为此戏谑青秀只有春、夏、冬三季。当然,即使它秋得不那么明显,它还是由枯黄飘落的树叶、晚间吹来的萧瑟风,告诉我们它在这里。在青秀校区食堂的秋里,没有特别的菜就是它与其他季节最大的特别,就好像告诉三中人,南宁青秀的秋就是那么普通平凡,特别的理直气壮,所以此时你能吃到春天有的、夏天有的、冬天有的菜。

也许,冬天来临,三中人会懒于起早去食堂吧?不对,躲在被窝的三中人不去食堂,就要错过冬天香喷喷的烤红薯啦!吃了外焦里嫩的香甜红薯,你会感觉心里暖烘烘的,能让你幸福一整个冬天。还有那冬季特供白萝卜炖牛腩,味道咸香好吃,这可是道抢手的稀罕菜。特别有意思的是,它可不是最早端出来的那批菜,问大厨:它什么时候上?大厨笑而不语、故作神秘。好啦,那就到了看运气的时候了,要来得恰到好处。来早了,望满窗菜哀叹;来晚了,望剩菜哀叹。

啊!总是美食的色、味、形而使人爱恋的三中四季!

食堂的美味,是幸福,是爱的象征,纵使时光流逝,但那抹永恒的香永远留在我们心中。

保持热爱，奔赴山海

徐斯斯

教授李玫瑾曾说："孩子早年一定从大人身边（学习），从自然到生活上的事情，甚至包括做饭，这些学问都要有所了解。如果你能把饭做好了，凡是会吃的人都聪明。"这是教育当中最根本的东西了。做饭，不仅仅关乎生存，更是一种面对生活的能力，是面对困难不逃避的勇气，是懂得给自己找快乐的能力。

从小就喜欢做饭，从一碗简单的秋梨汤到复杂的烤蛋糕，再到现在来到南宁三中后，食堂每一道美食带给人慰藉的力量。无论是清晨的牛腩粉、正午的炸鸡排，还是傍晚的小炒肉，都让人味蕾跳动。每一道美食中不仅蕴含着食物本身的意义，更有那些被食物赋予特殊记忆的小故事。

作家蒋勋曾讲过一个事情：每当他有朋友不开心时，他会请那个朋友来家里，做一顿饭给朋友吃。比如有一道腌渍苦瓜，要先切好苦瓜片，调好料，加话梅、冰糖、嫩姜，放冰箱冰一晚。第二天，和朋友好好吃顿饭，正好来几片苦瓜，甜里带酸，洗去身心的烦腻。他说："最好的关心有时候不一定是语言，而是一种味觉上的照顾。"

我呢，每次想跟学生谈心，都要先带他（她）去一趟食堂。吃饱了，心才暖。

记得曾经班里有一个调皮的学生，不交作业是常态，上课跟其他孩子打闹。每次看到有关这孩子的反馈我都很头痛。那个清晨他再次迟到，我原本想训他一顿，但是看到他满头大汗的样子，顿时心软了。问清楚理由后才知道，原来是他家里闹钟坏了，没人叫醒他。他的父母是医生，经常作息不规律，顾不上儿子的起居生活，他需要自己照顾自己。了解到这些，我内心无比内疚，以前是我不够关心这个孩子，调皮一点又能怎么样。于是我跟他说："走，老师带你吃早饭去。"他诧异地看着我，默默地跟着我去了食堂。点上一碗南宁三中食堂的牛腩粉，加个蛋，再加一碗热豆浆。孩子一边吃一边默默流泪。我只记得那顿饭吃得很快，我们什么也没说，仿佛心照不宣。从此，我更关心这个孩子，他在班上也再没调皮过。初中毕业后他考上了南宁三中的另一个校区。教师节回来看我，跟我说得最多的也是南宁三中的食堂，他说怎么会有食堂这么好吃呢！永远吃不腻！其实我知道，是那碗带着烟火气的牛腩粉，抚慰了一个孤独孩子的心。

我与食堂的故事还有很多。每次考完试，孩子们最期待的是被奖励食堂的炸鸡排！如果进步大点的，还会得到一碗小炒肉。这些食物孩子们在家或许也经常吃,但是因为是食堂出品,所以他们再珍视不过了。所以,食物赋予人力量,南宁三中食堂的食物更有抚慰人心的力量。只有保持对烟火气息的热爱,才能引领学生奔赴山海。

这碗螺蛳粉值得热搜一个亿!

杨蕊嘉 韦贤亮 黄钰航 宗焕波

近日,南宁三中的食堂开始供应螺蛳粉,没想到上了微博热搜。南宁三中的螺蛳粉究竟有什么特别之处?

中午时分,南宁三中的食堂里,供应螺蛳粉的窗口前排了好几路长长的队,和旁边供应饭菜的窗口形成鲜明对比。为了不用排长队就能吃上这碗美味螺蛳粉,一些聪明的小吃货已经总结好规律了——"有时候会缺粉,缺粉的时候人就会突然从窗口前散去。这时候你再坚持排一下,过一阵子窗口里面就会有新的粉了。"

负责食堂管理工作的韦班长介绍：以前食堂也就只有早、晚两个时段供应一些烫粉。但螺蛳粉专窗开设后，立马受到师生们的追捧。现在每天能卖出1000多碗螺蛳粉，供应窗口也由原来的两个变成了四个。"当初我的小孩也是经常点外卖，都是螺蛳粉。我发现我们同学们也喜欢吃这个螺蛳粉。倒不如我们自己来摸索一下，而且在价格上我们相对要比外面便宜很

多。"这碗学校里的螺蛳粉究竟有哪些独到之处?他们在用料方面下了一番功夫:米粉是每天专门从柳州运来南宁的;每一锅高汤不光要熬制一个多小时,还放了10斤左右的螺以增加鲜味。

而且打粉的阿姨从不"手抖",腐竹、酸笋、花生等,这些必不可少的配料毫不吝啬地给足分量!想当年,学校食堂被吐槽得最多的就是阿姨的"手抖"了。

这碗诚意满满的螺蛳粉,好吃又实惠,6元一碗就能填饱肚子。"这个螺蛳粉正,很好吃,我好中意。看这个鸭腿那么大,腐竹那么多,吃起来远比外面买的更加满足。享受就在南宁三中螺蛳粉,我爱它。排队排了20分钟但是没有关

系,为了吃这碗螺蛳粉,什么都值得。""其实这个螺蛳粉严格来讲它的味道并不是最好的。但是毕业的学生,包括我们在校的学生,他们尝到南宁三中自己做的螺蛳粉就会产生一种自豪感。主要原因还是同学对南宁三中的热爱,还有这种文化的凝聚力。"真羡慕还在读书的人啊,认真学习的同时还有美食的陪伴,这样的学校深得学生们的心!

南三食堂·寻味之旅

黎银萍 | 南宁三中初中部青秀校区语文老师

校园里的时光,存在于匆匆那年。墨染流年里,也许你忘了所学,但人间烟火气,会把美食的记忆置于你心间,熠熠发光。有一种青春的际遇叫作南宁三中食堂美食里的温情暖意。

为全体师生提供安全、卫生、健康的餐饮服务,共筑校园食品安全防护墙,是南宁三中义不容辞的责任。干净、整洁、有序,是南宁三中食堂的真实写照。这让干饭人走进食堂,心情愉悦,胃口大增。食堂工作人员透露,南宁三中食品采购计划是学校食堂根据季节变化以及师生对菜品的反映而编制的食谱来制订的,采购的都是符合国家有关食品安全标准的食材。采购时,工作人员需要检查食品包装盒上的生产日期,清点商品的数量,对每一步骤做好记录,以便追溯食材源头。食材采购回来,首先进入粗加工环节。厨师长说,蔬菜类和肉类一定要分开加工,蔬菜类要经过一洗、二浸、三切;肉类要用专用的水池冲刷干净。菜、肉要进行分类存放待用。其次进行烹饪。多种配料,看到师傅放一点这个、放一点那个,食物的香气便一点点散发出来。厨师们说,看着食材变成美食,是他们最幸福的时刻。

南宁三中食堂菜品繁多,照顾了师生不同的喜好。早餐如果来一碗"勾魂拌粉",便让人顿觉不辜负这清晨。这碗粉香而不腻、风味独特,吃的时候一定要把粉条均匀拌开。本地的米粉有嚼劲、又爽滑,配菜有肉末、叉烧、酸豆角、酸菜、炸黄豆、葱花等。如果来得够早，还能很幸运地打到让人香迷糊的番茄炖牛腩，加点秘制辣椒酱，麻辣鲜香，搭配小豆芽来吃，脆嫩爽口。学校食堂早餐的主食选择也特别多，有各种馅料的包子——奶黄包、豆沙包、香芋包、水晶包、红豆包，多种做法的饺子——蒸饺、水饺、煎饺，还有油条、烧卖、紫米糕、马拉糕等，数都数不过来。爱吃面点的师生在主食之外再点一杯豆浆，加一个鸡蛋，开启元气满满的一天。

南宁三中食堂的午餐和晚餐菜品更为丰富：不必说炖得软糯的黄豆猪脚、香辣可口的辣子鸡丁、皮脆

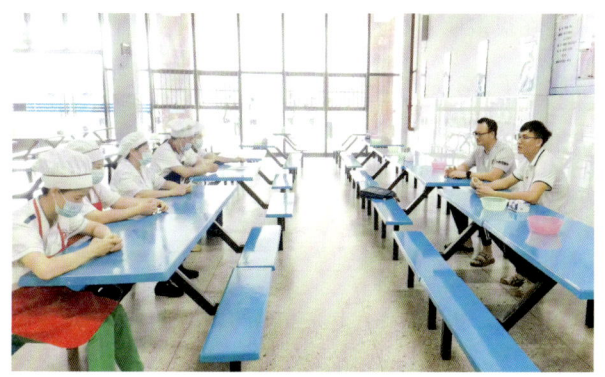

肉嫩的烧鸭,也不必说精致独特的茄盒、酸甜多汁的鸡蛋豆腐、焦香拉丝的可乐小鸡腿,单是一盘看着平平无奇的扬州炒饭,就能让你直呼过瘾。我至今没去过扬州,不知道真正的扬州炒饭是什么味道,不过南宁三中食堂的扬州炒饭已经足够令我惊艳。和一般的酱油炒饭不同,扬州炒饭里配很多蔬菜,有切成小丁的胡萝卜、芹菜、黄瓜、木耳,加上碎鸡蛋,和米饭炒在一起,吃起来清清爽爽、毫不油腻。我实在爱极了,后来自己在家也经常做,总是很好吃,基本零失败。有时会遇上松鼠鱼,鱼肉切得刚刚好,一粒一粒地竖着,很小粒,粒粒蘸满酱汁,很嫩也很入味。后来我在很多地方吃过松鼠鱼，但是再也没有吃过那么好吃的了，不是肉粒都很大、不够入味，就是面糊裹得太厚、炸过头了，咬起来一口面粉的味道。还有一道不太能常常吃到的食物——辣白菜炒饭，一个半熟的荷包蛋卧在饭上，吃的时候把荷包蛋挑开，里面的蛋黄就会流到饭上，和饭拌在一起，黏黏的、糯糯的，微辣的口感里带着蛋的香气。前两天我在家自己做辣白菜炒饭，忽然觉得味道无比熟悉，现在想起来，可能就是学校的辣白菜炒饭留下的记忆吧。原来味蕾真是有记忆的。

写着关于学校食堂美食的文字，如数家珍，如何又能说得完？不如我们赴一场美食之约，保你满意。

感谢食堂每个工作人员每天的付出，为我们提供惬意的美食之旅。

师生们热爱南宁三中的食堂，这份热爱里藏了每个三中人对美食的态度。食物将那些无法言喻的感情以具象的味觉记录在味蕾里，而人与人之间的情感也赋予了食物调味剂无法调出的味道，直达每个食客的内心深处。

第二篇 匠心与真心

『百年名校正青春』

—— 四季 三中 ——

这,与其说是一场战斗,不如说是一首交响乐。每个维修工人则是乐谱上的音符,在自己特定的位置上发出悦耳的音响,他们共同谱写着劳动者之歌,诠释着劳动的壮美。这就是维修的乐音。

学校里,哪座公厕灯不亮了,哪里柜门坏了,哪里充电桩罢工了……哪里就有维修师傅的身影。他们就像神奇的魔法师,在他们手下,没有修不好的东西:他们来到黑漆漆的地方,离开时留下一片温暖的光明;他们挥舞着工具,把罢工的机器一一唤醒……

所有的音符汇聚在一起,就是一首奋斗的交响乐。在这首交响乐中,奏响音符的他们没有激情洋溢的宣言,只有默默无闻的担当、一丝不苟的信念、精益求精的追求。

他们是学校里一道亮丽的风景。

难忘三中，感恩三中

崔航宁 | 南宁三中初中部青秀校区
2019级（6）班

绿藤攀上围墙，花香漫进校园。

夏风悦鸟性，树荫抚人心。

　　假期,再度回校,重新踏进教室。初三时的跑操声仿佛回响于耳畔。"一二三四,二二三四。"微风从窗外飘进,夏的燥热中,课桌椅整整齐齐地。我深吸一口气。"熟悉的气息。"

　　记得初二时,有同学的椅子坏了,当天就有师傅来维修。记得当时顽皮,竟把窗帘扯下,也是维修师傅及时把它装好。燥热的空气涌进教室,在汗流浃背的教室里漫不经心地听课,这是学校没装空调时部分学生的状态。

　　突然发现,何以在中考中最终取得良好的成绩,何以在躁动中静下心来学习?是学校后勤保障的真心与匠心,是学校后勤保障任劳任怨地默默付出。校园里活跃着维修师傅忙碌的身影,所见,感激之情跃于心间。

　　难忘三中,感恩三中!

多媒体与人生

陈一然 | 南宁三中初中部青秀校区
2019级（6）班

在南宁三中校园，有这样一群人，他们默默无闻，一直在暗处守护着我们。他们是那样的平凡，却又是那样的伟大，他们不仅修好了校园里的设备，更让我对我的人生有了清晰的思考。

记得那是在初二的一个清晨，我像往常一样走进教室，看到老师与同学们围在多媒体前，三三两两焦急地踱来踱去。我一看，原来是教室的多媒体坏了，一打开就显示蓝屏，无论怎么重启都没用。我们当时纷纷感到担忧：没有多媒体，课就上不了了。我们的班主任拍了拍屏幕，做了最后的尝试后，不由得低下头来，垂头丧气地转过身。走下讲台时，她忽然想到了什么，两眼一放光："快去请刘志菲老师！"

我听到这名字，内心不禁纳闷：这老师怎么没听说过？班主任至于这么激动吗？疑惑着，一位二十多岁、清爽而干练的男子进来了：他一路小跑，拿着一箱工具，纯洁的笑容映在白衬衫上，显得格外耀眼。"有什么可以帮到你吗？"那笑容我现在都还记得。

我们向他讲述了多媒体的问题。不待我们说到一半，他便知道了问题的所在。他的手迅速伸向多媒体，那一抹微笑也变成了认真的皱眉。他三下五除二就将多媒体"大卸八块"，接着用上各种复杂的工具，仿佛变魔术一般，让机器乖巧地接受治疗。不一会儿，他又把多媒体装了回去。奇迹发生了，原来奄奄一息的多媒体竟然"垂死病中惊坐起"，可以开机了！我们班主任像个小女孩似的，蹦了起来："刘志菲老师真厉害！"刘志菲老师却挥了挥手，叫我们回到座位上坐下。我和班主任有着同样的疑惑：不是修个电脑就行了吗，怎么还要这样呢？

见我们坐好了，刘志菲老师缓缓开口，声音低沉而有力："你们教室的多媒体是受到病毒入侵了，来源是哪里我不知道，但这是个严重的问题。"我的嘴巴顿时变成了"O"字型：还有人会攻击学校的多媒体？

"其实我要和大家讲的，是信息安全的问题。很多你以为是病毒的东西，它真的就只是病毒吗？错！信息安全是国家总体安全的一部分。近年来，我国学校受到外国黑客攻击的频率不断增加，一些大学甚至因此被窃取机密信息，我们学校也应当小心。同学们在使用多媒体时一定要谨慎，注意多媒体的信息安全。这个话题往大了说，小小的多媒体，实际上反映着我们国家、我们民族、我们每个人的现状。生于忧患，死于安乐，我们对于日常中的小问题如果不及时加以纠正，问题就会不断扩大。千里之堤，溃于蚁穴，我们每个人都要背负起国家与民族的责任,在变局中开创新时代!"掌声雷动,他笑着离开了,在朝阳中留下白色的背影。

  这是我最不想忘记的一天。刘志菲老师是一位多么普通的修理工啊,但能在平凡的岗位上保持梦想、努力工作,又何尝不是一个伟大的人呢?后来,当我学习累了的时候,总会想起他的话,又会充满斗志地为中华民族的未来奋斗。感谢南宁三中,优美的环境与最美的教职工,让我在这里度过了最美好的三年。

幸成三中桃李，
感知"真·爱"情怀

伍益萱 ┃ 南宁三中初中部五象校区
　　　　2021级（8）班

2021年9月，我正式成为南宁三中初中部五象校区的一员。

学校主体教学楼延续了老校区传统的砖红配色，典雅大气，与造型充满现代气息的体育馆相得益彰。郁郁葱葱的树林位于教学楼间，其中还有一尊孔子雕像。语文老师在上《〈论语〉十二章》这一课时也着重强调，校园里唯一的这尊雕像，就是本篇提到的孔子。

进入南宁三中初中部五象校区读书之前，我曾去南宁三中的其他几个校区参观。无一例外地，每个校区都立了一尊孔子雕像，或在曲水流觞之间，或处绿树花草之中。一开始，我只是单纯地以为，学校里摆放孔子雕像是约定俗成的理念，只是因为孔子在教育上的重要地位。直到本学期开学后，我才悟到了孔子雕像背后的奥秘。

一次，我和同学在闲聊中提到了初三班级教室的位置，放学后无意间经过孔子雕像时，我这才意识到，每升一个年级我们都要更换一次教室，但是孔子雕像一直面对的方向，永远都是初三班级教室的位置。也就是说，初三的所有学子只要往窗外看，就能看到孔子的雕像在默默注视他们，在潜移默化地用独特的人格魅力感染他们。初三的学习生活一定是紧张、枯燥的，学校巧妙地用这个方式，让学生至少在心理上产生"被庇护感"，也由此营造了修身好学的氛围。

　　想到这里，我突然热血沸腾。南宁三中所有校区里的孔子雕像，与其说是一尊尊与校园氛围匹配的雕像，不如说它们是南宁三中在进行校园规划时，依然信奉着的"真·爱"教育情怀。这些雕像无论是在竹林中，还是在草地上，或是在流水旁，都统一地矗立在教学楼附近，学生们走几步便可抵达。有时候下节课要进行课堂小测验，哪怕课间只有短短的十分钟，都时不时有人匆匆忙忙地来到孔子雕像前拜一拜，放上一两件小零食或水果，希望考试顺利。

　　面对学生们这种做法，老师和学校管理人员从来不会阻止，不但不阻止，还一次次拍照留念。孔子一生弟子三千，这又怎么不是"真·爱"的体现呢？他以身作则，向为师者传达自强不息、学为人师的精神，还有博爱的态度。这么多年了，南宁三中所有的工作人员始终秉持着这份"真·爱"情怀,将它寄托在校园一草一木、一事一物当中,去抚慰一颗颗年少轻狂的心,让青春的小叛逆转变成展望未来的大志向。

我曾经在网上看到一首诗,是一位学长在往年校庆时为南宁三中所作,它的结尾让我感慨万千:"依稀红墙过,梦里有三中。"

总有一天我也会毕业并离开,但在南宁三度过的所有时光都将成为最珍贵的回忆,这些一定能化为振奋人心的力量。因为南宁三中是如此优秀,我又怎能不发愤图强?

润物细无声的爱

林丽萍 南宁三中五象校区 2022级（15）班

有那么一群人，我们不知道他们的名字，甚至都没见过他们，但他们却在校园中起着至关重要的作用。他们负责采购校园设备、维护设备等。他们兢兢业业、任劳任怨，怀着热忱的心服务师生，他们就是——后勤部。

平日，后勤工作人员总是神龙见首不见尾，总让人怀疑学校到底有没有这个部门，但是当坏的设备被维修好后，也证实了确有后勤部的事实。夏日里，我们不小心弄坏了宿舍阳台的门把手，致使阳台的门关不上。但因为是夏天，我们觉得门关不上也没有关系，就没有报修。转眼入冬了，凛冽的寒风席卷而来，肆意在校园中游荡。晚上，寒风暴力地冲开阳台门，惬意地在宿舍里拥抱我们，我不禁裹紧自己的被子，决定明天就报修。到宿管阿姨那儿报修的时候，我发现有很多报修单，就觉得我们宿舍阳台的门可能要拖上两三天才能修好。但令我没想到的是，上午刚报修，中午就修好了。令我不禁感叹后勤部的效率之高，以及他们的态度之认真负责。

还有一次令我印象也非常深刻。那是非常冷的一天，风也很大，我穿了三层衣服都抵挡不住那天的寒冷，被风吹得瑟瑟发抖。不巧的是，那天刚好学校的水管坏了。中午学校广播让我们蓄水，因为下午要停水修水管。下午起床后，在去教室的路上，我看到校道上有一块地方被围了起来，围起来的地方中间还有一台小型的挖掘机。我看见几位叔叔脱下他们的鞋子，放在一边，有一位叔叔手上还拿着铁管，然后他们走进了那个被围起来的地方。我在外面听到了水流声及脚踩在水里的声音，他们好像在修水管。我完全不敢想象，这么冷的天，光脚踩在冰冷的水里，一泡就是一个小时。到了晚上，果然就有水了，证明水管也修好了，真的很感谢后勤部门！

　　后勤部门就是我们坚实的后盾，活跃在校园的各个角落，以认真负责的态度、热忱的心肠维护着校园各处的设施。他们以自己的方式表达了对学生的关爱，他们的关爱并不明显，是"润物细无声"那种，但却是最不可缺少的。他们身上有着认真专一的品质、锲而不舍的精神，诠释了匠心，也诠释了三中的"真·爱"教育，助力了三中学子的健康成长！

平凡而伟大

黄缘琦 | 南宁三中五象校区 2022级（15）班

"维我校友，星聚南邕……"悠扬动听的校歌在耳边响起，我也不禁跟着哼唱起来，大步在校园里匆匆地走过。

初来南宁三中时，便惊叹于校园之美。错落有致的教学楼传出书声琅琅，球场上三两少年正在为投进球而欢呼，大风将高高树梢上的鸟鸣吹进我的耳朵，校园的每一个

角落都洋溢着青春的气息。

　　校园里的各类设施更是被保养得光洁如新。光滑的球场地面、保养得很好的单杠、音效很好的扩音器、光亮的墙面，每一处都赏心悦目。南宁三中的每一个角落都有别样的美，都是被有关人员精心保养好的。默默无闻的工作人员，日复一日地维护着校园里的每一个角落，为校园增添了一抹明丽的色彩。

　　我看着这些崭新的器材，轻轻抚摸，感受到其中藏着这些默默无闻的人的耐心与细心。这些工作人员的真心以及匠心，都被大家看在眼里，记在心上。平凡但又伟大，或许形容的就是这些倾注真心为维护环境而着想的人吧。

　　维修人员像是无所不能的。当宿舍出现了什么问题时,他们总能及时地现身并处理好这些麻烦,为大家创造一个良好的环境。他们都有着过硬的技术本领,为大家解决了很多棘手的事情,校园里面他们是不可或缺的可爱的人。每每看到他们忙碌的身影在校园里穿梭,我的心中都会升起一种敬意,幸好有他们,校园才得以如此美丽,大家都能安心在校园里学习生活。

　　这些穿梭在校园里可爱的人,他们身上的匠心与真心,大家都记在心里,他们感化着我,成为我更努力前进的动力。从他们身上学来的精神与品质,我一生受用。感谢他们对校园的所有付出,因为有他们,校园变得更好了。

这就是匠心与真心。"阳明过化，郁郁葱葱……"悦耳的校歌在我耳边久久地回荡。歌声伴随了我上学的路，维修人员的关心与爱心也化作一股暖流，如同歌声一般舒缓，轻轻地流进了我的心中。

校园里的"魔法师"

梁诗怡 | 南宁三中五象校区
2022级（15）班

巧手成就卓越，匠心创造非凡。许多看似平凡之事，背后却凝聚着无尽的真心与匠心，承载着无数人的钻研与思考，学校何尝不具匠心之处呢？每一处或许都做了设计与思考，才让我们的学校生活轻松、秩序有加。

大家常常说宿舍存在"魔法"，公物一旦出现异常就会在次日或下

次使用时变好。其实不然,那是学校独特的匠心所在。宿管阿姨认真负责,在我们离开宿舍回到教室上课的时间里,她会一贯不变地一手抓起表格,另一只手握着笔,一改平日温柔的状态,更多的是尽心尽责的那种神情让人心生敬意。她一间一间宿舍认真去检查卫生，当然了，还会记录宿舍里的个人物品、公物是否正常，如存在异常，就会记录下来，报给维修人员。他们带着那份真心与匠心认真地维修好物品，得以让我们能够正常地使用。所以，经常会在回宿舍的时候发现：水龙头不滴水了，门把手换成新的了……这些都是他们在背后勤勤恳恳地工作吧。他们秉持忠心、无怨无悔，用心维护着学校的设施，是一群值得赞颂的人啊！

  看似平常的场景，却也离不开学校的匠心。校园里除楼层外，最常见的就是花圃和植物了。常常在炎炎的大太阳下，在花圃丛中看见喷灌器不断地向那些花草喷洒水，使它们不被毒辣的太阳晒蔫，得以继续以崭新嫩绿的姿态呈现在大众眼前。而这背后，是工作人员的独具匠心。学校专门的工作人员细心管理事物，就如浇水给花圃。使每一件细微的事物都能得到很好的管理，也就造就了如此好的环境，这都离不开学校以及工作人员的真心付出与辛勤劳作呀！正是因为这份匠心与真心，换来了大家的认可。

所谓匠心精神，就是秉持忠心、尽心尽职、坚持不懈地用真心去做一件事。持所匠心与真心者，方能成就大事。感谢学校对学生付出的贡献与真心，在学校的潜移默化的影响下，匠心精神或许不知何时也在我们心里生了根，并不断延续……

灯亮,心暖

李晓芸 | 南宁三中初中部青秀校区 2019级(6)班

记得,那是初三那年的寒冬。

晚自习前,我窝在教室里自习。窗户紧紧关着,我可以清晰地听到寒风拍打着窗户,叫嚣着,将外面的世界扯开、撕碎。幸好教室里足够暖和,我庆幸地想着,将冻红的手缩回衣袖。

突然,头顶传来"啪"的一声,世界陷入一片黑暗。"怎么了?""好像是断电了!"同学们的叫声此起彼伏。怎么办?眼前还有一份份提纲没背,中考当前,每分每秒都弥足珍贵,哪有时间给我浪费呢?但是教室断电了,我能去哪里看书?于是我望向了窗外。

尽管寒冷,但天还没黑,只要我咬咬牙挺住,在外面还是可以看书的。我走出教室,寒风像刀子似的刮着我的脸,刮得生疼。随着我读书时嘴的开开合合,本就干燥的嘴唇更是疼痛难忍。我就这样眯着眼,站在寒风中,一个人读着书,等着教室亮起灯。

读着书,余光瞄到一个身影,在寒风中骑着电单车,向我们这栋楼驶来。寒风中的人影实在稀少,因此这个身影显得格外突出和孤单。

电单车开到楼下,停住了,车上的人走上楼。我这才看清对方的样貌:一个其貌不扬的中年人,有着饱经沧桑的脸庞和一双布满沟壑的手掌,穿着一身沾满尘土的蓝色工作服。看到站在寒风中背书的我,他憨厚地笑了笑:"不好意思啊小同学,这几天维修工作有点多,我来得迟了。"我慌忙摆手:"没事的,您快去看看灯吧。"

他将工具包放下,打开电闸箱,熟练地检修了起来。我看着蓝色的背影忙碌地从工具包里掏出一样样工具,埋头在电闸箱前。不一会儿,他从包里掏出一条已经用得脏兮兮的白毛巾,擦了擦脑门上冒出的汗。在这样冷的天气还能出这样多的汗!我看着这位勤劳的人,对他的敬佩油然而生。

没多久,他就修好了电闸。教室里的灯"唰"地亮起,我又可以回教室学习了。在一片欢呼声中,电工叔叔收拾好所有工具,悄悄走了。我快走两步,追到楼梯口:"叔叔,您辛苦了!"电工叔叔转过头,笑着摆了摆手:"不辛苦!本职工作而已。你们负责学习,在中考的考场上奋斗;我们作为学校的工作人员,负责大后方的补给!"

是啊,当我们在为中考而投身学习时,是我们可爱的青秀三中人一直默默地为我们做好一切后勤保障工作:当我们因断电而无法学习时,学校总能及时地派人修好电路;怕我们饿坏了肚子,学校为我们准备

可口的饭菜;当我们身体不适时,学校为我们提供医药和照顾……当我们在为中考而做准备时,从不需要考虑别的东西,因为我们亲爱的、可爱的学校——南宁三中,早已为我们准备好了一切。

这只是一件很小很小的事情,小到似乎不值一提。但每每忆起它,总是触及我内心的一片柔软。行文至此,不禁想起我的母校——南宁三中,又引起我内心对她的一片汹涌的爱意。

致我们的维修工人

李晓琳 ┆ 南宁三中初中部青秀校区

有这样一群人,他们与工具箱为伍,以机械设备为伴;他们默默无闻、无私奉献,在轮班抢修的日日夜夜里,迎日出、送晚霞。他们就是学校里的最美维修工。

日常的维修工作可以说是繁杂琐碎的,但他们却总是能够按要求、按时间完成。作为一线维修人员,他们精检细修,寻故障、查隐患,默默地坚守在维修岗位上,雷厉风行、随叫随到。多年来,他们始终把学校的需求放在第一位,用自己多年积累的经验与无限的耐心去对待每一次报修工作,维护学校的正常运行。他们站在狭小的空间,低着头、弓着腰,忙碌地进行着工作,现场叮叮当当的声音犹如一首协奏曲。临近饭点,从旁路过的我,看见干得正起劲儿的他们丝毫没有去吃饭的意思,便提醒道:"你们不去吃饭吗?""等这个活干完后,我们再下去吃饭,这样可以节约时间。"我由衷地赞叹他们的敬业精神。

还记得一位维修工说:"咱们就是干维修的,俗话说'干一行,爱一行'。而且既然领导信任咱,咱也得让领导放心,每天上班来好好工作,不能辜负领导的期望。"年复一年,春夏秋冬,他说每做好一件事后自己都感到很满足。

一到夏季高温,故障频发,进入校园就能时常看到他们进进出出忙碌的身影,他们浑身沾满油渍,每天奔忙穿梭于故障之间。为了完成一个任务,解决一个故障,他们往往一干就是一天。请让我们记住这一双双勤劳而又沾满油污的手,记住这一张张沾着灰尘却依然带着笑容的面孔。正因为有了他们铁打的热情、辛勤的付出,才有了设备的长期、高效、稳定运行。繁复琐碎的活计中,是每

一个维修工无言的坚守。他们没有轰轰烈烈的事迹,只有默默工作的背影、脚踏实地的奉献。让我们为他们的坚守、专业和敬业点赞。

哪有什么岁月静好,不过是有人为你负重前行罢了。就是这样一群默默奋斗在一线的维修工人,他们用最朴实的行动,把脏和累留给了自己,把干净和温暖送给我们,书写了一篇篇不平凡的故事。平凡的岗位,不平凡的坚守!让我们向高温下工作的维修工致敬,感谢他们一直默默地为学校奉献着。

我和三中的故事

1. 我和逸夫馆的故事

我与逸夫馆所结渊源颇深,多是源自羽毛球。新冠肺炎疫情未起时,它还是常开的,我涉足次数不多,但仍记得曾独自在那空荡荡的只有几人的场馆里练习步法,年少轻狂,大汗淋漓,酣畅淋漓。

待逸夫馆重开之后,每每上体育课少不了拼个"头破血流"地抢

场地,毕竟人多场地少。但久而久之,也因此结识了不少球友,彼此或是分过半场,或是交过手,或是搭过队,萍水相逢、妙趣横生。置身其间,除了自己挥拍打球,也观摩别人你来我往。特别是羽毛球联赛,其间高手过招、藏龙卧虎,选手打得激烈,观众也看得激动,不愧为南宁三中体育大赛事之一。

2.我和"绿笼"的故事

我踏进"绿笼"(南宁三中球场)最频繁的时候估计是高一做操时。之后再来"绿笼",要么散步,要么打篮球。有几次趁着夜色来此与友人打篮球,一个是专业的,一个是业余的,虽然打不动,但也稍微领略

到了篮球的意趣。一个人可以享受,一群人也可以狂欢。

至于网球场,就更热闹了。常看到里面的人流畅对打,好生舒畅。而排球场亦未尝闲着,总有一群人在那过招,团队协作、配合默契;也能看到旁边有人独自顶球,苦练技艺。无论哪一派,都自得其乐。

差点忘了曾经举办过的元旦通宵活动,"绿笼"也是主要场地

之一。大家沉浸于狂欢主舞台的热闹,亲手写下许愿签,流连于各大社团的摊位,驻足倾听校长的新年贺词,跳兔子舞……兴奋而疲惫,不分你我,一起狂欢,跨越新年。第一次不在家的跨年、没有看跨年晚会的跨年就是在南宁三中,温馨不减,热闹非凡。

3. 我和"公主楼"的故事

两年时光,大多数的夜晚都枕着那一方夜色入眠。住在高楼层,风景这边独好,可以看那泳池里由清变绿的水,也可以在下楼时从那巨大的阳台上收获一阵凉风和一框晚霞。

住在低楼层则是方便至极,一楼的自习室我不常去,一去便喜欢靠窗的位置。学习间隙抬头眺望庭中花草树木,桂花时常飘香,因为是四季桂,因为是南方。我还喜欢偶尔去"逗一逗"阿姨栽种的小彩椒和花来消遣时光。如今想来,那时光真是令人怀念。

4.我和天鹅湖的故事

  天鹅湖位于南宁三中校内。高三之后,我便喜欢绕着天鹅湖走。别的同学走一小圈,抄捷径;我走一大圈,看风景。每日早晨从宿舍出来,路旁树上长满了鸟鸣,忽高忽低,种类各异。湖里的鸭子从睡梦中醒来,未及凫水,仍在岸上梳理羽毛。

  最开始,天鹅湖中间有两棵很高的树,后来出于安全考虑,两棵树消失了。开始眼中空落落的,我们便去看树下的芦苇。芦苇长在湖中央,越长越高,成了两个水面上的毛球。再后来,天鹅湖里没有了天鹅,之前的是黑天鹅,颈子很秀颀——大家便开始质疑天鹅湖之名。或许正如黄鹤楼一般,天鹅离去了,湖的名字才有意义,这里面似有种旧事的伤怀吧。

  无论怎样,这片窄窄的小塘寄托着我对自然的憧憬。在岸边凝望着水面的波纹时,灵魂仿佛也深入湖底的土壤,触到芦苇的根须了。

用匠心打造品质，秉真心服务师生

黄伟姬 ｜ 南宁三中初中部青秀校区
　　　　 初二语文组教师

有些人不善言辞，却总在你有需要的时候马上出现在你的面前，为你解决难题；有些人在别人下班休息的时候却仍然坚守工作岗位，挥汗如雨；有些人没有强烈的存在感，却是学校不可缺少的"螺丝钉"，成就了学校的运转自如。如果非要说出他们的名字，他们就是我们学校的后勤服务维修人员。

无论夏暑冬寒，他们既修得了下水管道，也修得了电灯风扇；他们既拧得了龙头水阀，也搬得动桌椅板凳；既能改造各大功能室，也能修跑道。不得不让人赞美一句：他们是美化校园、解决难题的能工巧匠。不信，你看，深夜12点，漆黑的校道旁，维修工人还在奋力挖土。他们要在浑水当中找出管道漏水的地方，换上新的管道，再反反复复地检查，只为保障全校的供水；不信，你再看，酷夏35℃，骄阳之下，维修工人或攀上高墙，或爬上长梯，在抓紧时间抢修空调，

只为把清凉送到师生的身边。这些不仅展现了他们过硬的技术,更体现了他们的敬业之心。孔子说:"素其位而行,不愿乎其外。"其中所赞扬的敬业,不就是他们的样子吗?

他们的敬业之心,不仅体现在及时、高效的工作作风,更体现在急人之所急、想人之所想的优秀品质上。他们一心一意为师生服务,赢得了师生的尊重。为了保持教室光线的稳定,从而保护学生的眼睛,秋季期开学前总务处的领导便安排工人加班加点,给每个班级的教室都换上了护眼灯,使学生可以坐在敞亮舒适的教室里安心学习。而有时老师忘记及时给水卡充钱,正担心无法洗澡时,即使已经晚上七八点钟,后勤处的人员还专门到办公室帮忙充钱。当收到反馈说校园里有蛇、鼠等"不速之客"时，他们总是及时采取措施。当办公室突然停电时，他们总是能及时现身，修复电路。"润物细无声"，他们一点一滴的关心与爱护，化作连绵不绝的春雨，滋润着每一位师生，让我们真正领略了南宁三中的"真·爱"办学理念。

平凡如你，渺小如他，没有豪言壮语，更没有丰功伟业。他们，如同一台机器上的螺丝钉，默默坚守自己的工作岗位，在平凡的工作中闪耀着不平凡的光芒。他们用行动真正诠释了"用匠心打造品质，秉真心服务师生"的真谛。

扎根一线,匠心不改
——致南宁三中五象校区的后勤工作者

在优雅宁静的校园里,有这么一群人,他们普通到不能再普通,您甚至记不清他们的容颜。他们不参与教学工作,与师生也接触不多,但又是整个校园不可缺少的坚实力量。他们与工具箱为伍,以机器设备为伴,一个螺丝刀、一把老虎钳,走遍学校每一个角落,为保障学校正常供电、供水,为校园明亮默默奉献、任劳任怨,迎日出,送晚霞。他们就是学校的后勤维修员。

维修人员常常是"哪里需要去哪里",一条信息、一个电话便即刻动身前往检查维修,宿舍、教室、餐厅……校园各个场所的"疑难杂症"都需要经由他们来"治愈"。"大叔、我的手机掉厕所了。""大叔,房间空调漏水了。""大叔、我的床板太响了。"……龙头滴水、管道漏水、化粪池堵塞,一桩桩、一件件,他们用执着的奉献诠释着爱岗敬业,他们用勤劳的双手共建美丽校园。

无论严寒与酷暑，他们始终坚守在一线，承担着日常维修和维护工作。

为进一步提升后勤服务保障能力和水平，确保后勤工作安全、平稳、有序运转，

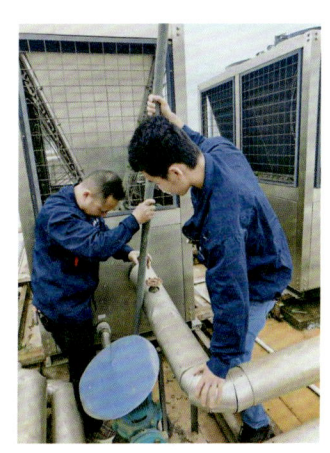

学校领导频繁深入基层一线，就后勤服务工作进行检查指导。

　　这就是我们的后勤人,没有耀眼的光环,他们始终坚守在一线,于点点滴滴的平凡工作中创造着非凡。"不忘育人初心,牢记服务使命。"他们将责任与担当扛在肩上,默默坚守、辛勤付出,为广大师生员工提供更加优质的后勤服务保障。

最美维修工

周清清 | 南宁三中初中部青秀校区工作人员

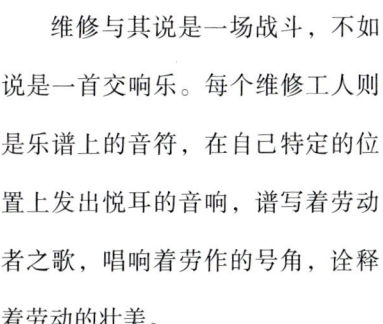

维修与其说是一场战斗,不如说是一首交响乐。每个维修工人则是乐谱上的音符,在自己特定的位置上发出悦耳的音响,谱写着劳动者之歌,唱响着劳作的号角,诠释着劳动的壮美。

回顾一年,学校报修上百余次,哪座公厕灯不亮了,哪里柜子门坏了,哪里充电桩坏了……哪里就有维修师傅的身影。作为维修工人,他们是光荣的,也是辛苦的。对于他们来说,设备出现故障未抢修完,可能意味着顾不上休息、顾不上吃饭,更谈不上下班。他们不分昼夜、不分上班还是休假,只要哪里设备有故障、需要他们,他们就会第一时间奔赴现场对设备进行抢修。他们的口中没有华丽的词藻,但他们的行动却比华丽的词藻更美丽,更让人感动。在检修的几个小时里,你会发现他们一旦开始工作,目光就离不开眼前的设备,他们的双手就没有放下过工具,工作完成后现场不会落下一件工具或零件,完美地处理了设备故障。正是这种极致的专注和坚守,让他们从没有丝毫抱怨,积极投入日复一日的工作,在平凡的岗位上发光发热,为学校的正常运行贡献自己的力量。

还记得一次下大雨,电话铃响起:"王师傅,你快来看看呀,轧机入口侧上导板螺丝断了!""好,我马上过来。"王师傅赶紧拿起工具包直奔目的地。一见面,同事就说:"我都不好意思打电话了,你看这么晚……""那有什么,说那些干什么,赶紧干活了,赶

快恢复设备。"还没等说完,王师傅就笑着打断了同事的话。在启动发电机时,雨大水深,他的雨鞋灌满了水,衣服也湿透了。当看到泵站排水正常后,他长舒一口气,一直紧绷的脸上才有了会心的笑容。暴雨灾害后,为尽快排查学校的安全隐患,快速恢复学校的正常运转。他又加班加点,对学校的泵站、公厕、停车场充电桩等设施进行认真细致地排查，及时报修维修，确保学校设施设备、用电方面的零安全事故。

  所有的音符汇聚在一起，就是一首奋斗的交响乐。在这首交响乐中奏响音符的他们，没有激情洋溢的工作宣言，只有默默无闻的担当、一丝不苟的信念、精益求精的追求。他们是学校一道亮丽的风景线。

以匠心坚守岗位，用真心服务师生

梁彩艳 | 南宁三中初中部青秀校区初二语文组教师

岁月静好的日子，总有一些人在默默负重前行。他们默默无闻、随叫随到，他们通宵达旦、身负星光，他们全力以赴、挥洒汗水。他们是师生正常生活的保障者、护航者，他们就是以匠心坚守岗位，用真心服务师生的一群人——学校后勤服务团队。

开学伊始是后勤人最忙碌的时

期，他们忙着排查校园里面的各种安全隐患。从教室的灯管和空调的检修、一体机的维修、饮水机的清洗维护，到校园师生开学用品的准备、食堂清洁卫生的打扫、消毒杀菌工作、食品的冷冻冷藏设备清洗检修……这些都是极其繁琐且考验耐心的事情。但他们毫无怨言、坚守岗位、细心排查，用自己的专业知识和技术为校园排除各种安全隐患，为全校师生的安全保驾护航，他们是全校师生安全的保障者。

开学后，后勤人也总是步履匆匆。疫情防控物资的准备、核酸采集场地的布置、充当全校核酸检测的志愿者……在这些工作环节我们都能看到后勤团队熟悉的身影。夏天天气闷热,核酸检测的志愿者必须穿着防护服给师生扫码,工作结束,汗水早已湿透了衣裳。但他们默默付出,筑牢疫情防控的屏障,他们是全校师生的服务者。

夜深人静,很多人已经进入香甜的梦境,后勤人的手机仍须24小时待机,有时接到故障信息或电话,他们必须在第一时间进行抢修。水管爆裂、漏水、漏电等故障总是层出不穷,为了不影响第二天全校师生的正常工作、生活,他们只能通宵达旦、争分夺秒地进行抢修,他们用行动证明了:后勤不后,保障在先。

《说文解字》释义:"匠,木工也。"这里的"匠"原本指的是做木工的人。但如今,工匠有着更为深远的含义,它代表着一个时代的气质——坚定、踏实与不断追求极致的执着精神。学校的后勤服务团队就是这样的一个团队,他们肩负责任、脚踏实地、尽职尽责,用自己的行动诠释了后勤服务的速度、温度。寒暑易节,他们每天都在平凡的岗位上践行着自己不凡的人生,他们以匠心坚守着岗位,用真心服务着全校的师生,助力一代代学子的健康成长。让我们致敬后勤服务团队,为后勤团队点赞!

第三篇

宿舍响起爱的『唠叨』

『百年名校正青春』

四季 三中

第三篇 宿舍响起爱的"唠叨"

听,又是那个声音。它夹杂着一丝南普口音,响在我们耳畔,是那么清晰明了、和蔼可亲。啊,它又响起了,请与我一同聆听。

离家远行的学子,失去了亲人的念叨,难免抹去不掉思乡的忧愁。可那个声音总能细心备至、关照有加,让我们感受家的温暖,让我们坚定理想、逐梦书海。

这个声音来自宿舍阿姨。这些爱的"唠叨",我们一直在听,却总听不腻。

秋风送丝寒，暖流自心间

潘畅 | 南宁市第三中学五象校区
2021级（10）班

"残云收夏暑，新雨带秋岚。"一场秋雨，似是浇灭了"秋老虎"最后的兴致，初秋的寒意夹杂在冰冷的风雨中，席卷向大地……

教室里，被这突如其来的变天打了个措手不及的同学们如同一窝窝瑟瑟发抖的团雀，挨挨挤挤地贴在一起取暖。最近是流感高发期，亦是新冠疫情管控时期，生活委员

第三篇 宿舍响起爱的"唠叨" 147

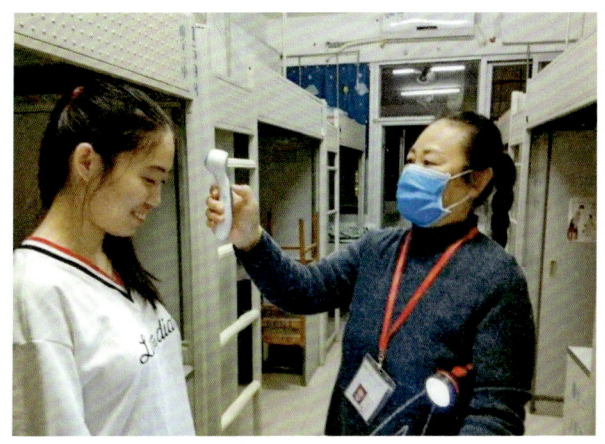

艰难地穿行在狭窄的过道中为同学们测量体温,在一声声体温枪发出的"滴滴"声中,我有些站立不稳地沉入一阵阵迷糊……"啊!"一声惊叫惊扰了我的昏昏沉沉,刚睁开眼,被一片红光映了个满脸,还没反应过来,卫生委员便一把把我扯了起来"同学,你发烧啦!这可怎么办?!"几经周转,我最终是被住得离学校近的热心的同学家长送去了医院。

等我做完核酸检测,拿好药再被同学的家长送回学校时,已是半夜11点半了。家不在本地的我只好独自拖着沉重的身体向宿舍楼走去,似一只迷途的羔羊,宿舍楼前昏黄的灯光成了我唯一的指引。走至楼前，还未敲门呼唤，宿管阿姨便从值班室中小跑着出来给我开了门："同学，快进来！冻坏了吧？"暖心的关切，让我一天的惊吓、疲惫、奔波与委屈似乎都在此刻消融。刚想和阿姨说明情况，只听一声爆喝从身后传来："你是哪个班的？叫什么名字？为什么现在才回来？过来！我要把你拍照发群里才行！"我被突然出现的年级组长吓得手足无措。阿姨连忙把我拉到身后，解释道："这位同学今天发烧啦！刚去医院做了核酸检测，拿了药，回来晚了些，但已经请过假了的。"组长这才点点头坐下，阿姨赶紧示意另一名同事过去汇报工作，随即带着我来到一间收拾得干净整洁的小单间："你今晚在这里睡吧，就不用担心传染给其他同学了。"谢谢的话还未说出口，她便转身关灯掩门，只留下一句："好好睡一觉，我就在旁边值班，放心睡吧。"如桂花蜜般轻轻的话在我心中久久无法化开……

晨曦，轻轻拂去昨夜的不适，一股面食的香气伴随着推开门的"吱呀"声钻入小单间。转头看去，映入眼帘的便是昨夜梦中也未曾忘记的温柔笑容:"同学,你醒了呀,饿不饿,我煮了点面,要吃一些吗?"话音未落,一碗热腾腾的面递到了我手里:"吃完了你再慢慢收拾,东西要带齐哦。"随即电话铃声响起,接通电话,母亲已经赶到了,喜悦终于席卷上心头。拎着行囊踏在宿舍楼前的大理石台阶上,昨夜的有惊无险好似一场梦境,风把微微泛黄的树叶吹得沙沙作响,带着些许凉意,但依旧混杂着凤凰木的清香。回眼看,台阶尽头,那道忙碌身影也依旧温柔而暖心。

"目穷淮海满如银,万道虹光育蚌珍。"这个秋日虽然不似往昔,却因我们学校舍管阿姨的温情,而显得弥足珍贵。

听，那个声音

陈浩然 | 南宁三中五象校区
2022级（15）班

听，又是那个声音，响在我们耳畔，是那么清晰明了、和蔼可亲。啊，它又响起了，请与我一同聆听。

离家远行而来的学子，失去了亲人的念念叨叨，难免抹去不掉思乡的忧愁。可那个声音总能细心备至、关照有加，让我们感受到家的温暖，让我们坚定理想，逐梦书海。

"啊——嚷！"夏天的清晨，同

寝室的同学由于开空调,受了凉,一个劲地打着喷嚏。除了给他提供纸巾,宿舍另外七个人一直手足无措。早起的宿管阿姨正好路过,用早上并不精神的嗓门向我们询问情况:"怎么回事,还不出门?"我们七个人把"病号"推了出来,说昨晚空调度数调太低,舍友兴许是感冒了。阿姨立即柔声责备我们:"不是叫你们合理使用空调吗,要照顾到宿舍同学的情况,不能只考虑自己。"说完又摸了摸"病号"的额头,问道:"要不要带你去校医室看看,还是喝点热水?头疼不疼?"那个声音中充满了关怀,如同春风般拂过我们宿舍每个人的心。说完,起身去拿药。一言一语,一举一动,都令人为之动容。

晚上,宿管阿姨每天都要检查宿舍,那个声音在这时总会一反平常柔和,大声且厉色:"一楼、二楼、三楼……关灯!""×××室,不要再讲话!"这些声音有时候听起来也许有些严厉,但只要一想到我们睡下了,宿管阿姨还要如此尽职尽责地走来走去,心里就会由衷地感激。有一次,我们没写完作业,打起亮闪闪的灯,显得整个宿舍都灯火通明。阿姨提着手电筒,敲起宿舍门,"××室,开一下门。"舍友开了门,阿姨难看的脸色映在我们的灯光下:"不是说过了吗,要早点休息,作业什么的先放一放,明天再早点起床,休息够了,才有精神学!"那个声音真如母亲的呵护,使我们打消了顾虑,慢慢进入了梦乡。

当然,不是所有时候,那个声音都轻细柔和。我就记得,那一天宿舍八人下课回来,就见到阿姨坐在我们床边,沉着脸。"×××室,今天被扣分了喔。"那个声音严肃至极。说着,还把我们的"犯罪线索"给我们看,让我们"认罪悔罪"。我们八人都低下头,听着她的训斥。"下次,宿舍要整理得更干净一点。拖鞋、被子这些,走之前一定要记得放好!"那个声音现在都还烙印我们心中,时刻叮咛我们搞好宿舍内务。

这个声音,这个爱的"唠叨",我们一直在听,却总听不腻。

内宿生的"家长"

华柯鉴 南宁三中五象校区 2022级（15）班

总有一个人，会把你的百炼钢化为绕指柔，教会你温柔对待这个世界。

——题记

人们常说：为你起居操心的人，是最关心你的人。大部分人听到这里，都会想到自己的父母。但其实还有一些人也非常关照我们，那就是南宁三中的宿管阿姨。

"叮铃铃",伴随着晚休铃的响起,灯火通明的宿舍楼瞬间陷入了黑暗。可是有许多忘记时间的同学还在走廊嬉戏打闹。"那边是哪个宿舍的人?还不回去睡觉!"直到宿管阿姨出现在我们这一层,他们才慌乱地返回宿舍。但是还在我丝毫不知情,仍自顾自一边沉迷于哼歌,一边洗衣服。外面的喧嚣已经停止了,宿舍里仅剩下洗衣服的我还没就寝。

"咚咚咚",一声敲门声把我从自我世界中拉出来。门打开了,一束手电筒的光向我照过来。顺着这束光看去,宿管阿姨正一脸严肃地看着我。突然感觉自己如过街老鼠一般无地自容,本来学校就不给在熄灯后洗衣服,我还被宿管阿姨抓了个现行,这叫我怎么办才好!那一刻,我真的想找个地洞钻进去。我待在原地,等待着阿姨的"审判"。

出乎我意料的是,看起来凶神恶煞的阿姨并没有骂我,而是温柔地让我赶紧回到床位上。"这么晚不睡觉?别睡太晚,明天没精力学习了。"我被宿管阿姨的一番话惊着了,同时心中又有一股暖流淌过。

在宿舍中，宿管阿姨管理我们的起居，照顾着我们的生活。在我的眼中，她们是温柔的。我们上学时，从周日到周五都在学校，见到宿管阿姨的次数比见到父母的次数还要多。在学校，宿管阿姨就成了我们内宿生的"家长"。她们视我们如亲生儿女般，对我们关心无微不至。在我眼中，宿管阿姨又是严厉的。当我们的宿舍卫生方面做得不好，她们会严厉地批评我们，虽说让我们感到极其羞愧，但也培养了我们独立生活的能力。

但不管怎么说，宿管阿姨始终都是为了我们好，扣分也罢，表扬也罢，都是为了能够让我们能够独立自主地健康成长。为了我们，她们半夜一两点都还在查房；为了我们，她们要一间一间地查看宿舍卫生；为了我们，她们被迫和我们一起待在学校，一个星期住六天，只为了能够让我们养成良好的习惯；为了我们她们付出了太多太多。

也许，她们仅仅是我茫茫人生中的过客，但她们给我温暖，我会一生铭记。

温馨的唠叨

黄嘉丽 南宁三中五象校区
2022级（15）班

"关灯。""不要说话了。""早点休息。"……这些，都是专属于宿舍阿姆的关爱。

一

想起那次因为准备红歌晚会的表演，中午排练到很晚才回宿舍，回到宿舍的时候已经快打睡觉铃了。大家都饿极了，回到宿舍拿出泡面、搬出小桌子，我们一整个宿舍的人焦急地围在小桌旁席地而坐，等待泡面。时间一到我们就开吃，整间宿舍充斥着泡面的味道，连路过的同学都感叹："好香的泡面味。"

没吃两口，铃声响了，阿姆一如往常地来查寝，但我们还在吃着泡面，享受食物的美味。听着阿姆的脚步一点一点靠近，声音慢慢清晰，我开始紧张起来。心里想：阿姆不会说我们吧？我们都还在吃东西没回床。吃泡面会被扣分吗？手上的筷子渐渐停下了动作。

"叩叩"门被敲响，"都到了吗？还在吃东西吗？"是熟悉的阿姆的声音。"是！"我们齐声回答。"早点休息哦。""好！"阿姆的这句"早点休息"让我这半天学习和练习的劳累都化为乌有，吃完东西就上床休息了。

二

晚上许多同学都会挑灯夜读，我们宿舍也不例外。到点宿舍灯就被关上了，短暂的黑暗过后，舍友们的小夜灯再次照亮了我们的宿舍。昏黄的、白亮的灯光交织，整个宿舍灯火通明。

"叩叩"，阿姆来了，宿舍瞬间变黑。"关灯了，该睡觉了。""好的。"话音刚落，阿姆一走，宿舍又在一瞬间亮起来了，这次随之而来的是沙沙的翻书声。夜深人静，书页翻动，笔尖在纸上起舞，我们在小夜灯的"加持"下学习，丝毫没有听到门外的动静。再次听到"叩叩"的敲门声，我的心好像瞬间被一根丝线提起——是阿姆来了。宿舍的灯光消失，阿姆说："很晚了，快点休息，作业起床再写，要睡觉的。"这句话说完，宿舍里的灯在今晚再也没有亮起，大家都进入了甜蜜的梦乡。

三

因身体原因，我不得不在上课的时候，请假回宿舍。一个人独自走在空无一人的校道上，暖洋洋的阳光照在我身上，可我还是感觉很冷。我迷迷糊糊地走回宿舍，推开宿舍大门。阿姆坐在里面，看到我她问："怎么了？脸都白了。""不舒服。"我小小声地说。"那快回去休息吧！"我用仅剩的气力上到四楼，回到宿舍"咚"地一下躺到床上。"活过来了。"我嘟囔着。

在床上躺了一会，脑子里迷迷糊糊，就这样睡着了。忽然有人拍拍我,我张开眼睛——是阿姆。她的手上拿着一杯还冒着热气的温水。她把水递到我手上,看着我将水喝下去之后,阿姆说了一声"好好休息",就走了。水的温度刚刚好,顺着食道暖到了我的胃里,温暖了我的身和我的心。

  起初,我以为阿姆是严厉的、凶巴巴的。相处下来,才发现其实她的内心是很温暖的。在校的点点滴滴中,都流露出阿姆对我们的关爱,她的"唠叨"既温馨又温暖。这是我在南宁三中感受最深的"真·爱"教育。

记忆中令人心醉的声音

黄洁汶 | 南宁三中五象校区
2022级（15）班

静谧的心原里，总有一些细碎的记忆，宛若杪秋的阳光穿透梧桐枝枝叶叶……那些记忆，那样旖旎，彳亍在青春的路上，氤氲在时光流转中。那心醉声音掠过记忆，抵达至耳畔。

是夜，墨色缓缓铺满天空。整栋楼的人都处于静谧之中。将欲昏睡之际，来边响起那温和而熟悉的嗓音。"1407都到齐了吗？1床回来了吗，我这里显示没有刷卡哦。"阿姆的声音远远地传来。一阵床板吱响，门被打开的声音，一道女声响起："阿姆，忘刷卡了对不起，我现在去刷。""没事没事，下次要记得刷哦。"阿姆的声音再次响起。那道温和的声音由远及近、由近及远，穿透整个楼层直至消失，但又在别的楼层间响起。

　　正午，烈日倾洒。燥热的天气不免惹人烦躁。冒着烈日跑回宿舍楼，一进门抬头，便看见了阿姆脸上仍挂着温和的笑，眼里尽是盈盈的笑意。满身的燥热似乎都被这笑意所驱散掉了。"回来了啊。今天又升温了哦，但空调也不要开太高，容易感冒的。还有，要记得刷卡。"回答她的是一群女生。午日睡前，门口响起一阵敲门声。开门，门外是阿姆。她的神色稍显严肃，可是声音还是温和的："你们今天的值日生忘记做值日了，下次一定要记得，不然就得扣分了。"一片回答声响起。她思考了一会儿，又道："每天早上要记得拖地和倒垃圾，中午只要倒垃圾就好了，明白了吗？"

又是一片回答声。

又是一天正午，打开宿舍的门，映入眼帘的却是碎成两块的厕所门把手。心中不禁有些惊慌，将那两个碎块捡起，尝试将它们重新组装起来，可是只是徒劳。怀着忐忑的心情度过了午休，心中想着无数种可能。明明阿姆那提醒过了这几天风大，要关好门，可还是犯了错，心中的焦急不安不断蔓延。

傍晚时分，吃过饭回到宿舍，映了眼帘的是鞋柜上的纸条。"厕所的门把手坏掉了，现在已经换了新的，不要再弄坏了，不然下一次就报修不了。"看着纸条上黑白分明的字迹，心中的忐忑消失了，可取而代之的是一种更难以言喻的情绪。

不仅仅是这些，回想起那些让心温暖的事与那道温和的声音，在心中都氤氲着淡淡的香，是许多个温暖而美好的片段串联而成的。记忆中那令人心醉的声音，抚慰了我初到南宁三中茫然而害怕的心。那些声音，在记忆深处漾开。

暖心的"唠叨"

赖传铭 | 南宁三中五象校区 2022级（15）班

清风拂面，夜间晚风吹荡起唠叨的话语，如沐雨春风滋润我心田；是细雨绵绵，是滔滔不绝。因她，我的生活变得井井有条，她就是暖心的"唠叨"者——宿管阿姨。

明月当空，月光洒下一片洁白给这平平无奇的大地上添加了光彩。我漫步在这大地上，微风不燥，它轻轻拂过我的脸庞，甚是愉悦。我走回宿舍，刚入门就是几个阿姨坐在对面，灯光照耀着她们的脸庞，有的笑容满面，春风荡漾；有的一脸严肃，似警告她目光所至之处的学生脚步快点；还有的看着打卡系统，计算宿舍人数是否到齐，长了老茧的手指在光滑的屏幕上迅疾地留下指纹。或许是因为年龄过大，导致她们原本精致的脸庞在岁月的冲刷中逐渐留下了皱纹。皱纹有浅有深，不知是否黑夜的风刮破了脸庞留下了风的痕迹，使得这皱纹深中好似夹杂着尘土。她们面色如土般暗黄，眼中有着一条条红血丝，但带着红血丝的眼中呈现的却是比疲惫更多的坚定。她们头发粗糙并不顺滑，黑发在风的吹拂中留下了如银的白丝。

我走上台阶，遇到阿姨。还没等我开口问好，她的笑容已经跃然脸上，向我迎面而来。我急急忙忙说了一声："阿姨好。"她轻淡的一字："好。"使得氛围更加融洽。明月蒙上了黑夜的纱，宿舍的灯也随之暗淡，响起了睡觉的铃声。"睡觉了！睡觉了！"阿姨的声音在寂静的宿舍楼中回荡，直击耳膜。我没太在意这亲切的话语,继续在锁紧的门背后和舍友聊天,或许是聊得喜悦充满头脑,使得我没注意阿姨已经近在咫尺。随着一声敲门,渐渐打开,光明打破了黑暗的喧嚣,我的眼中渐渐呈现清晰的人像,我腿抖着后退几步,口中的话语被扼杀在喉咙,恐惧顿时突上脑袋。我坐在床角,手不停地打颤,心想:"遭了,被抓现行了!"我与阿姨在微弱的灯光中四目相对,她严肃的话语在我耳边响起:"赶紧睡觉,不要聊天了!不然就扣分了!"话音刚落,门已经关上了,只是门上的窗户外一直飘荡着阿姨的人影。我极力平复心情。晚风飘荡,拂过我的脸庞,我渐渐入睡,只是手脚依旧颤抖。

夜晚的黑暗还未完全褪去,楼下阿姨的灯光亮起了,黎明在此刻打破黑暗,伴着这灯光在地平线上照耀。我走下楼,清风微抚,在楼梯间看见的是睡眼蒙眬的阿姨在各个楼层穿梭:"起床了!起床了!"声声入耳。她虽然严肃,但笑容依旧迎上每个人的跟前,眼中所映照的是那光彩照人的微笑,耳边听到的是那日日往复的话语。无论是明月当空,抑或是旭日东升,她都守在我们身边,是夜晚的训斥,是清晨的呼唤,每一句唠叨的话语都是她尽职尽责的表现,清风微抚过的都是她爱意的彰显。

夜间吹荡起晚风,耳边聆听着阿姨的唠叨,她的伟大在此刻彰显并熠熠生辉。

你总说……

刘文欣 南宁三中五象校区
2022级（15）班

耳边恍惚间传来熟悉的声音，温柔、严肃、关切，时而语重心长。你日复一日重复着我早已烂熟于心的话，你总说，你会看着我们成长。

你总说："我会尽量帮你们。"

空气中平添几分燥热，8月的烈阳勾出内心的烦闷，提步走在铺满斑驳碎光的小径，耳边充斥着行李箱的轮子划过地面发出的沉闷声响。细汗从额头沁出，打湿了碎发，喉咙里的干燥将一声声抱怨尽数推回。抬眸向四周环顾，全然陌生的环境、全然陌生的面孔，胸腔高频率的跳动无声地倾诉内心的紧张。手臂上的阵阵酸痛将我拉回了思绪，一时间顾不上这些，吃力地将行李箱搬进宿舍楼后已是大汗淋漓。"需不需要阿姨帮你啊？"此时天籁一般的声音从头顶传来，我抬头撞上你的眼眸，浅棕色的瞳孔里透着几分真切的关心。当我还在试图辨别你的身份时，手中沉重的行李箱早已被你不容推辞地拉过。"没事的，宿管阿姨，我可以自己拉上去。"颤抖的声线将内心的紧张暴露无遗。你闻言，眼眸里漫着细碎的笑意。我看着你轻轻牵起的嘴角，温暖徘徊在胸膛久久不去："你是四楼的对吧？阿姨强壮得很，帮你搬上去不费力。倒是你们，累坏了吧？"你提着行李箱踏上阶梯，我不由得加快脚步跟上去，耳边时不时传来你的询问，我一句一句地回着，心里的愉悦将浑身的疲惫一扫而空。等到宿舍门前，我对你道了声谢，你挥挥手，"有什么需要就来找阿姨啊，不要觉得不好意思。"我发自内心地笑了。之后你也总说:"有什么需要就来找阿姨,我会尽量帮你。"

你总说:"按时休息,注意身体。"

明亮的天蓝早已被墨色浸染,月光朦胧,如薄纱般笼罩大地。长时间精神集中的学习下,脑海已如一团乱麻,疲惫渗透躯体,漫向四肢。思绪有些麻木,身体本能驱使我回到宿舍楼。你坐在楼下,监督着来回同学按时打卡。熄灯就寝的时候,门总被轻轻叩响:"到齐了吗?该熄灯了哦,我看你们今天都很累了,按时休息吧,不要熬夜,注意身体,你们这个阶段更应该健健康康地作息。最近要降温了,记得多备些衣服。"我沉浸在你语气的温柔里,平时觉得唠叨的话语,偶尔也抚平了内心的烦躁,我们听着你日复一日的话,纷纷应了声好。似乎是不放心,刚离开不久的你又折了回来:"乖乖睡觉啊,等下我还会来看的,有什么事情就下楼跟我说。"你走后,那一串话总在耳边回荡,四周一片黑暗,暖意沁入心头。

你总说:"加油,肯定可以的。"

月考擂鼓持续敲响，紧张压抑的情绪无声蔓延，神经似乎无时无刻不在绷紧。平日散漫的脚步不觉变得匆匆，手里的参考书已经成了标配。虽是同往常一样和身边的人有说有笑，静下心来，内心的紧张又抓紧空挡蔓延。你在楼下静静听着我们倾诉烦恼，心里的情绪被你尽数捕捉，你时不时点点头，偶尔替我们小声抱怨："好好复习，把书里的知识点都好好记住。""不要粗心大意，认真检查。""放平心态，加油，肯定可以的。"倾听者转变成了说起来滔滔不绝的人，唠唠叨叨的属性开始暴露出来，不知道你说了多久，只觉得被爱与关心包围，内心充满力量。后来，成为不同角度的倾听者的时候，你总忍不住多唠叨几句："加油，肯定可以的。"

宿舍里总会响起你的唠叨，不知不觉间，内心的爱早已渗入这些话语。你总关注着我们的成长，你总说着重复的话，或许原本唠叨的话语早已不觉唠叨，只觉得爱和温暖的枝丫在内心疯长。

可爱的阿姨们

陆亭利　南宁三中五象校区
　　　　2202级（15）班

"家人闲坐，灯火可亲。"每当我踏进宿舍那一刻时，总会想起家中昏黄灯光下一家人其乐融融的场景，心中"恋家"的情绪就更加更清晰了。

"欢迎来到南宁三中。"一声清脆的女声打断我的思绪，宿管阿姨挺拔地站在光前，得体利落的短发、素白衣裳合身活像个胜利女神。"同学。"微微朝我一笑,愁绪的乌云被驱散,留下阿姨嘴角温暖如春和蔼可亲的微笑。

随着时间流逝,同学间熟络之后,就开始了"夜谈鬼说"、"午间太极"的极限拉扯,阿姨们为此也是拿出了通身的本领。

渐近的脚步声摇曳而来,我们便知这是宿管阿姨来临的前奏。听到一扇扇寝室的大门被敲响,有种莫名的紧张感缠绕着。我们放下手中充作"屠刀"、"打狗棒"的晾衣架,蹑手蹑脚地飞速收拾残局。此刻我们就如同砧板上待宰割的肉、虎口在逃的狡兔,一种死神降临的阴影死死地笼罩着宿舍大楼。

以为"危险"已走远,"警报"已消除,谁知在我们自得地低声聊着天,在我们安心地打着灯时,一个黑色的影子嗖地出现在门口的眼帘处。"七床八床,早点休息,记过一次。"一瞬间,我犹如绣花针落地——没了声响,而我的下铺,八床同学,清脆的笔落声让我顿悟——不止我一人被骇住了。我心下一紧:"完了,明天该被班主任好好数落一顿了。"我猜想,宿管阿姨该不会是属猫的吧？如果十二生肖里有猫的话。无论你有多么小心翼翼，她总能及时地来到案发现场，把人抓个现行。你的一举一动似乎都在她的监控下，每每想到这儿总觉得有些紧张。这声声爱的"唠叨"，总在每个午夜不同的宿舍门前响起。

宿管阿姨是黑夜的剑客，是月色下的捕食者。当阳光普照大地，当月色褪去时，她们就又变成了和蔼可亲、关心同学们的朋友。她们会在宿舍门口摆张小板凳，惬意地闲坐着，好似昨夜"探子"行径不是这些和蔼的大朋友做的。但看到进出宿舍的我们时，阿姨们总不忘给我们一个自然的微笑。当我们遇到麻烦事时，只要找到热心的阿姨们，她们总能及时为我们排忧解难。她们就像是一颗颗夜明珠，只有当夜幕降临时才显出她们惊人的本事；而在光明来临时，她们就普通到给你一种邻家阿姨的感觉。

这就是宿管阿姨，一群尽职尽责又不失可爱的阿姨们，为南宁三中精彩纷呈的生活抹上了一层独特的色彩。

宿舍里的小火炉

叶家楠 | 南宁三中五象校区 2022级（15）班

宿管阿姨在我们的求学生涯中扮演着一个重要的角色，她教会我们打扫卫生，时刻关注我们的安全，关注着我们学校生活的点点滴滴，像一位母亲一般，精心呵护着我们成长。

学习生活中，宿舍作为我们经过一天的学习后休息的地方，自然是要保持干净卫生的。每周的星期二下午都是大扫除的时间，等到下课，舍友们便马不停蹄地跑回宿舍打扫卫生。记得那是第一次我们宿舍大扫除，几个人拿着扫把、拖把和抹布在宿舍里东擦西擦。正当我们干得起劲时，门外响起了熟悉的脚步声。几个人急忙跑过去把门打开，然后大声地向阿姨问好。阿姨笑呵呵地回应我们。她来到宿舍里，看着乱七八糟的清洁工具，一边整理一边说："哪有你们这样搞的，我教你们怎么做。"说着便抄起拖把来到厕所，以娴熟的手法将拖把洗得干干净净。接着她把我们所有人召集过来，让我们看着她，好好看好好学。手把手教我们扫水池下面，擦地柜，擦衣柜，擦窗……直到看见我们已经按照正确的方法搞卫生，阿姨才带着满意的笑容离开，去下一间宿舍。

前段时间，原本管理我们的阿姨突然就消失了，我们都不知她的去向。过了几周，我们在宿舍里聊天的时候，门突然被敲响，正当我们疑惑的时候，响亮又熟悉的嗓音让我们都吃了一惊：难道是阿姨回来了？我们赶忙将门打开，果真是阿姨。我注意到阿姨脚上的绷带，难道这就是她一个多星期没出现的原因吗？阿姨接下来的解释打消了我的疑惑，她确实是因为腿伤了才回去休养了一段时间。正当我们以为阿姨腿伤了之后，查寝应该不会那么频繁时，阿姨却顶着伤痛坚持查寝，看着她一瘸一拐的背影，我们深深地被打动了，遇见这样的阿姨，真是我们的福气。

每次中午放学，我和同桌都会先回宿舍然后再去食堂。经过阿姨房间的时候她都会问一句："你们吃饱了啊，回来那么快。要吃午饭喔，不然对身体不好。"我们总是笑着回答："好的好的，等会儿就去。"晚上拿着消夜在宿舍楼梯口碰见阿姨，我们都会向她问好，阿姨偶尔也会跟我们聊上几句。每当我们在宿舍遇到问题，第一个想到的就是找阿姨。虽然有时候阿姨很凶，但其实她是非常平易近人的。

在阿姨的精心照顾下，我们宿舍得到了"标兵宿舍"和"文明宿舍"的称号，这都离不开阿姨的管教。宿管阿姨就是我们求学生涯中的一只小火炉，照亮黑暗，温暖心灵。

宿舍响起爱的"唠叨"

余仁浦　南宁三中五象校区
2022级（15）班

在学校里有那么一群人，当你受伤时，她们百般叮咛；当你获奖时，她们会为之高兴，迫不及待地将奖状张贴在宿舍的门上；当你犯错时，她们会不断唠叨。她们不是母亲，却亲如母亲，她们将我们当作自己的孩子一样照护。她们就是宿管阿姨。

当我第一天到学校时，手中提

着几个大包小包颤颤巍巍地走进宿舍楼。看着那高高的四楼，我不禁发出叹息。在提包走上楼梯时，我的身体不禁发出了悲鸣。原本一口气就能跑上八楼的我，却被大大小小的包压得连走上一层楼都感到气喘吁吁。我放下手中的包，靠在墙上喘着粗气。正当我准备继续这痛苦的爬楼时，宿管阿姨出现在我面前："同学，要帮拿一下吗？"一时间，我有些不知所措。还没等我回答，阿姨就一把提起我放在地上的包，问我："你是几楼的？"我有些不好意思，但在阿姨的一再询问下，我也只能如实说出房间号。然后阿姨就拎着包三两步跨上一层，朝着我的房间奔去。

当我到达房间时，阿姨已经在那里等候多时："同学，你的包我就放在这里了。"我点了点头，然后说了声谢谢。此时"嘭"的一声，门外传来包袱掉在地上的声音，阿姨连忙出去查看："怎么了，同学，我帮你提一下。"阿姨熟悉的话语从门外传来，紧接着便看到阿姨抱着包，匆匆跑过我宿舍房间的门口。也许是因为刚刚太匆忙了，没能观察到阿姨的脸上已挂满了无数颗黄豆大的汗珠。再仔细看,又发现阿姨的手已被勒出了无数勒痕。估计今天她帮同学搬了不少行李吧!

看着阿姨一次又一次从门口经过,次次都抱着行李,我的内心久久不能释怀。久久地看着阿姨的背影,我坚信,南宁三中的生活一定会越来越温暖。后来,宿管阿姨也帮了我们宿舍不少忙。为了让我们宿舍可以常年获得"文明宿舍"的荣誉,阿姨们可谓费心费力,告诉了我们各种注意事项,教我们各种打扫卫生的方法。在我们犯错时,阿姨也少不了唠叨一两句,但这些唠叨让人感到异常温暖,这是爱的"唠叨"。

第四篇 校园『大总管』

『百年名校正青春』

四季 三中

爱岗敬业、勤勤恳恳、忠于职守、待人热情、乐于助人……

不知道还有多少次机会见到你们，甚至，连你们的名字我都不曾知道。但是你们的样子、你们的声音仍不时浮现在我的脑海中。我不知道随着时间流逝你们的样貌会否如隙中驹，逐渐被我淡忘在某一个角落。但我想不会，因为你们传递出的丝丝暖意，早已化作柔软的糖衣，守护着三中学子的每一日成长。

一个"纯粹"的后勤人

在南宁三中五象校区的校园里,有这样一个人,春夏秋冬、寒来暑往,处处能都看到他瘦长的身影。他恪尽职守、开拓创新,用无声耕耘维护着学校的良好运转;他爱校如家、爱生如子,在平凡的岗位上书写出不平凡的诗篇;他全心全意、无怨无悔,甘做一个"纯粹"的后勤人。他就是我们学校的李国栋副校长。

以校为家，他是校园的守护者。

在我的印象里，似乎任何时候找他，他都会在学校；似乎任何事情找他，他都第一时间出现。我每次有事找他，都能听到这样的回答："在学校"，或者"尽快帮你解决"。每到这时，我就安心。我曾经有很多次想问他是不是每天都在学校，一次偶然的机会不由自主地问他，他只是淡淡地说："在学校习惯了，我就住在学校，所以每天都会在，有什么事找我。"

你总能看到他整天在校园里"闲逛"，也许早上你会看到他在教学楼逛、中午在图书馆逛、晚上在校道上逛，也许你会看到他逛着逛着就蹲在一个地方看，或者在那里倒腾来、倒腾去，不知道在干啥。一开始我很纳闷，这个人怎么那么闲的呀，天天在校园里闲逛，难道不用工作的吗？这个疑问在我脑海里持续了一个多月，一天听到一位老教师说起才知道，原来他是我们的副校长兼后勤主任，他每天都很早起来巡校园，上完课也去巡校园，晚上也去巡校园，他是在巡查校园是否存在安全隐患、是否有设施设备损坏，他是在守护着我们的校园，其实也是在守护着他的"家"。

曾记得，我们五象校区刚开办的时候，条件特别艰苦，停水停电是家常便饭，学生没有水洗澡，是他跑前跑后联系水车上门供水；没有水，食堂没办法做饭菜，是他忙前忙后协调饭菜。五象校区坐落在五象新区，周边都是工地及村庄，校园安全也是当时亟须解决的问题。他积极协调公安等有关部门打交道和协调，争取到在开学前一支警察队伍直接进驻五象校区，保障了五象校区的安全。他曾说，学校就是他的"家"，保护学校就是在保护他的"家"。

心系师生，他甘做师生的"服务员"。

"守望相助，温暖同行"是我们五象校区的精神所在。这种精神是在艰苦的建校初期形成并得到了五象校区师生充分认同的。

担任后勤主任后，李国栋副校长就时刻以行动践行着五象校区精神。他常说："我想当的，只是老师同学们的'服务员'。能服务好师生，我就很高兴了。"看似简单的话，但他确实用心在践行。只要是学校有需要、老师有需要、学生有需要,他就会想办法、竭尽全力去服务好学校教育教学,服务好师生,哪怕是牺牲自己的休息时间也毫不在意。他努力优化学校基础建设,完成学校新教师公寓建设,解决了教师住宿困难;建成游泳池遮阳篷、改造学生公寓热水系统改造、在现场与工人一起完成十余次水管抢修工程,保证了学生的正常学习生活。他努力建设"最美校园",结合学校的建筑特点,努力将学校打造成园林式校园:加强了校园绿化建设,形成疏密有方、错落有致、深浅有度、文化寓意深刻的绿色景观;打造北门小广场花园和教学楼园林,实现了"一园一特色"的效果;加大校园亭台楼阁和校园水系的建设力度,全面提升了校园环境品质。

食品安全重于泰山。作为分管学校食堂的管理干部,他严格监督食堂和小卖部的生产、加工、售卖的各环节,做到每天都去对食堂、小卖部进行巡检。他积极配合卫生监督所、检验检疫局的各项检查,完成"明厨亮灶"工程。他听取老师、学生们的反馈意见,想尽一切办法地满足需求，保障食品安全，使学校食堂五年来从未出现食品安全事故。他还带领学校食堂创造性地开设白案实践课程，为高三学子提供蛋糕、粽子等食品，寓意"高中""成才"，给高三学子送去最真挚的祝愿。

"心系学生、用心服务、不计得失、任劳任怨……"这是五象师生给他的标签。几年过去了，在食堂跟他坐在一起吃饭时，突然发现他的两鬓好像多了些许白发。

责任在肩，他初心不变。

20多年前，带着对教师这份工作的憧憬，他走进了校园，从此与教育结下不解之缘。他与教育相知，更为教育付出了青春年华，慢慢地，教师的工作变成了他一生钟爱的教育事业，更是一份责任与担当。两年前，他升任学校副校长，分管学校后勤工作。学校后勤工作的担子很重，但他不忘初心、顾全大局，把师生的利益看得高于一切，竭尽所能做好一个后勤人应该做的事。即使每天有处理不完的事，有签不完的文件和报账材料，他仍然坚持每天巡校园，坚持去食堂陪餐，了解学校及学生的状况，因为他从未忘记他全心全意为师生服务的初心，也从未忘记他作为后勤人矢志不渝的追求与坚守。

他是一名纯粹的后勤人，也甘做一名后勤"服务员"，默默地坚守学校后勤的岗位，无私奉献，扎根后勤终不悔。

10月的三中

刘琼宇 | 南宁三中五象校区
2022级（1）班

10月，一个独特的、多变的、美丽的时节。

10月初还处于炎炎夏日，葳蕤的树耸立着，一丛丛黄金榕充满了生机的绿色，一棵棵高大的羊蹄甲为我们遮挡太阳，让我们感受到夏天些许的清凉。

10月中旬，一眨眼的时间，却似乎进入了秋天。这凉风徐徐，给人带来一种舒适的感觉。走在校道上,一阵风拂过,树叶纷纷落下,犹如一架架金黄色的"小飞机"。这就是秋天了。

虽说天气变凉了,但不变的是保安叔叔们的温暖。他们依旧尽职尽责地为我们服务。早上,大门刚开启,同学们三五成群拥进校园,保安叔叔们便有条不紊地给每个同学测着体温。一双双布满老茧的手经历了风吹日晒。我们笑嘻嘻地跟保安叔叔们打招呼,保安叔叔们也笑着回应。

突然,一阵风驶过。一个戴着头盔的歹徒单手骑车,另一只手提着一根木棍,正要冲进学校。同学们都害怕极了,惊慌失措,四处散开。霎时间,只见保安叔叔们拿起护盾和工具冲了上去,脸上挂着的只有义不容辞。其中,几位保安叔叔拿着护盾把歹徒包围起来,堵住歹徒前进的路;两位保安叔叔分别拿着叉子叉向歹徒胡乱挥舞的手;还有两位保安叔叔拿叉子叉向歹徒的脚。此时歹徒已经乱了阵脚,有一位保安叔叔趁机扑向歹徒,狠狠地把他压倒。歹徒试图反抗，终于被其他保安叔叔一起压住，动弹不得。"呜——呜，呜——呜"，警车闪着红蓝灯驶来，押走了歹徒。老师们迅速赶来，安抚学生。后来我们才知道，原来这是一场没有提前告知的防暴演习，是为了提升保安叔叔们应对突发状况的能力。面对突发状况，保安叔叔分工明确、配合默契，很好地保护了学生们的安全，真了不起！

　　天气变得更凉了，一片片金黄的树叶落下来。地上金黄的树叶，仿佛要给这校道铺上一层厚厚的毯子。落叶很多，负责清洁的叔叔阿姨们弯着腰，手里握着一把把历经沧桑的扫帚，细心地扫着每一片树叶。正午，火红的太阳高高挂起，他们的脸颊流下了一颗颗豆大的汗珠。整个校园里看不到一丝垃圾，因为有了他们，我们的校园才能变得干净整洁而舒适。

　　10月末，寒潮来临，这时天气已从秋季变成了寒冷无比的冬季。每个人都穿上了厚厚的外套。这风，已从舒适和惬意变得寒冷刺骨。突降的气温刺骨寒冷，但保安叔叔们仍然坚守在岗位上。室外虽然寒冷，但

还是能看到他们日复一日忙碌的身影，可以看到他们为我们做出的奉献……

不管是春天、夏天，还是秋天、冬天，他们一直都在。一本本登记表，记录了保安叔叔对工作的认真；一把把用坏的体温枪，体现了他们对学生们的负责；一支支老旧的扫帚，扫出了他们对校园的尽责。教室里传来的书声琅琅，操场上传来的嬉戏打闹的声音，校道上同学们的一声声问候……这些就是对他们最大的肯定。

我喜欢10月，我喜欢南宁三中，喜欢学校里高大威武的孔子像，喜欢学校丰富的历史文化，喜欢南宁三中独特的教育理念，喜欢无数优秀的老师们，当然还有尽职尽责的保安叔叔们……

爱在校门处

宋丽妃 | 南宁三中初中部五象校区 2022级（8）班

百年间波澜壮阔，新时代笃定前行。少年与南宁三中心相连，南宁三中好比织布，织出一代又一代优秀学子。南宁三中格外注重学子们的人身安全，因此校门处，也有别样的关爱。

他们身着保安服，他们乐此不疲，他们默默无闻，与其说他们是普通的校园保安，不如说他们是南

宁三中校园的守门员。

  最早的不是公鸡的啼叫,最早的不是劳碌的蜜蜂,最早的不是发光的台灯,是他们的热心、温暖、关心、提醒,是保安室里吱吱作响的风扇,是他们急急忙忙的身影。尽管这样,他们也总能在早晨精神地道一声"早上好",满满能量的一天又开始了。"一日之计在于晨。"他们总能在早晨精神抖擞地给予学子们一整天的鼓励,一句句"早上好"融化学子们的心。也许他们是平凡的、普通的,但平凡成就伟大。他们是最普通的身份——校园保安,但也是最伟大的,他们维护校园安全，不让任何恶势力入侵校园。他们代表了南宁三中对学校学子们的关爱，这份爱牵动学子们的心，用真诚打动学子们。

他们面部黝黑、粗糙，平庸的外表过分生硬了些，但显得格外亲切、温暖。夏天，骄阳高照，蝉鸣不断，星斗月移，弯曲的枝条挡住了耀眼的阳光，却挡不住南宁三中学子的心。天亮得很早，保安叔叔们自然也来得也早。冬天，少了夏天的轰轰烈烈，少了丝丝生机，天亮得晚，保安叔叔们却与太阳赛跑，来得更早了，凛冽的寒风中总有他们的身影。

虽然貌不惊人，但他们的心是美的。他们相信只要努力做好自己的工作，无限热爱自己的岗位工作，就一定能实现自己的人生理想，再平凡的工作也会闪闪发光。他们尽心尽力，用心地保护每一位南宁三中学子，他们相信"少年智则国智，少年富则国富，少年强则国强"，相信南宁三中学子也定能闪闪发光，将"真·爱"精神传递下去，在这伟大的时代，将这种精神发扬光大。

他们是善良的,他们无私地献出了自己的爱。他们轻轻拍动疲倦学子们的背,提醒他们加快脚步,前往校园的列车即将出发。

每一名学子,都是南宁三中的孩子,遗传了南宁三中的基因,延续着南宁三中的血脉。为了学子,他们愿意付出,爱着学子,远胜于他们自己,只为了我们学子有那一天,能实现自己的人生价值,站在人生的舞台上闪闪发光。

在这个新时代,他们是校园安全的守门员,他们生生不息,是为中国;欣欣向荣,为盛世未来,呵护代代共产主义接班人,让"真·爱"教育随着学子们的血脉,代代相传。

他们虽平凡,但伟大,代表了南宁三中对学子的浓浓关爱。

有温度的南宁三中
——记南宁三中的保安大叔们

高幸 | 南宁三中青山校区 2020级（21）班

爱岗敬业、勤勤恳恳、忠于职守、待人热情、乐于助人……

这是南宁三中服务人员的几大标签。那些守卫校园安全的保安大叔、对你嘘寒问暖的宿管阿姨、满足你不同味蕾的食堂工作人员、打扫校园的保洁阿姨……他们身上亦有南宁三中的"真·爱"精神，给每一位南宁三中学子最贴心的守护。

这些人给同学们留下了别样的情怀。

不知道还有多少次机会见到你们,甚至,连你们的名字我都不曾知道。但是你们的样子、你们的声音仍不时浮现在我的脑海中。我不知道随着时间流逝你们的样貌是否发生改变,逐渐被我淡忘在某一个角落。但我想不会,因为你们传递出的丝丝暖意,早已化作柔软的糖衣,守护着南宁三中学子的每一日成长。

每日清晨,每日深夜,进出校门时你总能看见几个门卫阿叔站在门口,朝每一个进出校门的同学点头微笑。望着一个个南宁三中的学子,像是望着期许、望着未来,从眼神中传递出的和蔼,至今仍深深镌刻在我的心底。

日复一日,月复一月,挺拔的身姿、黑色的制服,还有每日清晨时分出现在他们手中的透明盾牌,从来没有变过。渐渐地,几名保安大叔甚至已经记得了我的名字。每天从校道走向校门,保安大叔已远远地向我招手,笑着叫了我一声,然后看着我走出校门。"叔叔好。""叔叔再见。"短短两句,但我想这是我与他们之间最好的交流。

高考前一周,我们之间的对话从每日的问好变成了"高考加油哦!""谢谢叔叔。"我回以微笑,内心隐隐流动着不知名的暖流。我不知道这样的对话是否鼓舞了我高考的斗志,但我知道,他们的鼓励足以让我学习一天的倦意消散,我对他们报以微笑的时候,也带动着自己内心的欣喜。笑容给予人的力量,说不清、道不明,但却如同一颗种子,在内心的某个角落,慢慢地发芽,慢慢地长大。

常怀感恩之心,常念相助之人。高中三年,同学们能够静心学习、舒心生活,在求学道路上努力拼搏、茁壮成长,既离不开老师们的传道授业解惑,也离不开服务保障人员的帮助与支持,希望每一位南宁三中学子都用心感念成长道路上所有为自己默默付出的人,践行"真·爱"精神。

那抹黑色身影
——致坚守南宁三中的保安叔叔们

张晏清 南宁三中青山校区
2022级（11）班

想起南宁三中，也许回忆起丰富多彩、精彩纷呈的社团活动，在一次次盛大的活动中挥洒激情与汗水；也许回忆起绿树成荫、郁郁青青的校园风光，偌大的校园陪伴莘莘学子走过三年时光；也许回忆起风趣幽默、学富五车的老师，三尺讲台上永远有他们热情四射、活力满满的身影……但还有这样一群人，也许你不曾留意,他们日日夜夜坚守在校门口,风雨无阻、全年无休,默默无闻地守护着校园的安全与宁静。他们,也是校园里一道特别的风景线。

初入南宁三中,是在2022年的盛夏。入学当天,从未体验过内宿生活的我忐忑不安:这么多的行李,该怎么运进去呢?刚刚打开车门,费力地扛着东西的我就看到了一个意外的身影:一位保安叔叔三步并作两步来到我跟前,麻利地接过了我的行李,娴熟又一气呵成地放到了手推车上,朝我和父母笑笑:"家长可以放心离开了,接下来交给我们就好。"他的礼貌与热情是我来到高中后感受到的第一缕温暖,驱散了我内心的紧张和忐忑。随即,保安叔叔将我交接给了作为志愿者的学长、学姐,他自己大踏步地赶去帮助另一个新生,连喘一口气的时间都没有。

烈日疯狂地炙烤着大地,在盛夏9月无情地叫嚣,我望向他的背影,黑色的制服早已湿透,头上的汗水沿着帽檐一滴一滴地往下淌。恰是正午时分,保安叔叔早已烈日下工作了整整四个小时,可是从他流畅的

动作、有力的步伐、热情的话语中却寻不出一丝疲惫，他以百分之一百的专业与热情坚守在自己的岗位上，呈现了代表南宁三中的、无可挑剔的精神面貌。

寒来暑往，春华秋实，岁月一天天流逝，但是校门口那几抹黑色的身影从未缺席。时常在傍晚返校时，听到保安叔叔一声温暖的"回来啦""好好学习喔"；时常在清晨熹微时分，就看到他们已经整装待发，开始长时间的工作；时常在同学出现困难，如缺少饭卡或缺少口罩的时候得到他们暖心的帮助；时常在早晚上下学高峰期看到他们将出门的秩序维护得井井有条，提升了同学们上学（归家）的效率……从春日百花盛开、万物复苏,垂柳在暖风中摇曳身姿,到夏日烈日当头、树影婆娑,淡雅的睡莲静卧池中;从秋日枯树凋零、丹桂飘香,风中散发着淡淡的果香,到冬日衰败萧条,万物归于静寂。无论季节如何流转,时光如何更迭,无论风吹雨淋还是烈日当头,他们日复一日守护着校园的稳定与安宁,他们用汗水诉说着,勤劳与奉献是一种美德;他们用热情与微笑证明着,礼貌与周到是一种修养;他们用他们的坚守,换来了校园的静谧与安宁。他们迎来送往,看着一届届学生来了又走,却始终矗立在校门岗亭,满怀善意地说出那一声"要好好学习"。

南宁三中是我们的家,更是他们的家。风雨中巡逻,烈日下站岗,他们用青春为校园稳定提供保障。是他们坚挺的脊背,支撑着南宁三中学子幸福的生活。

夜幕降临,华灯初上,望向校园门口,那抹黑色身影,依然坚守在彼处……

衣襟带花　岁月风平

覃梓涵　南宁三中青山校区
2021级（2）班

　　我们孜孜不倦地生活在这个如同大海般广袤的城市，看似平静却波澜起伏。每个角落汹涌着耐人寻味的故事，在太阳升起时荏苒。光阴消散，只剩下曾经的足迹在湛蓝的回忆中熠熠生辉。我倚在门框上，却不小心跌入那个承载着四季又名叫青春的回忆里。跨过车流如潮的马路，我终于可以慢下脚步，细细品味岁月沉淀后满溢书香的南宁三中。

春季总会让人想起隐藏在绿叶下的绵长浮光,枝叶在潮湿中被风吹拂起,葱绿在天空中浅浅绽放,热烈而含蓄。

夏天还没开始,这个湿润的南方城市就迫不及待地开始了炎热。这个坐落于北回归线上的城市并没有明显的四季之分,春夏与秋冬之间的间隔,就如同老房子窗户上糊的纸一般,轻轻一捅就破了。一年到头整个校园都是绿的,只有当新的嫩芽冒出枝头,或者老木棉开始落叶的时候,我才意识到春天或秋天来了。

"春意栽木夏初长,风暖人间草木香。"青石板透着微凉,湿润的花香糅在奶白色的雾里和袅袅升起的炊烟一起被微风吹散。孔子像旁的竹林被推起了深深浅浅的绿浪,小径上响起窸窸窣窣的声音,我想,这便是南宁三中的清晨吧。同学们三三两两地走入教室,手中的早餐热气升腾。每到这时,南宁三中总是柔和宁静的。南宁三中的生机与活力是在清晨的热浪中不断苏醒的。"哒……哒……"绳子挥起又落下,尘土飞扬，校道上布满了练习跳长绳的同学，两条队列随着节奏跳跃，飞扬的衣角和微微上翘的嘴角与火热的夏天交相辉映。我向学校的深处走去，明亮的一抹橘红色延伸上前。只听一声令下，几个同学应声而发，迎着当头的烈日向前奔跑，挥洒汗水。一次次的接力、一次次的跳跃、一次次的奋力奔跑，便构成了三中人的四季。想起初入校门时看到的三棵老榕树，日复一日，年复一年，枝繁叶茂只是为了让我们栖息。人来人往，只待我们羽翼丰满、远走高飞，她们仍在原地亭亭如初。我想，见字如面，睹物思人，千言万语，都道不尽四季的三中。

"秋窗犹曙色，落木更天风。"玉兰花落下来了，我拾起一朵细细察看，才后知后觉地发现盛夏已悄然离去，果实成熟，树叶逐渐凋落，碧草已无生机。秋柳影下，点点浮萍散浮在水面上，长颈的天鹅振翅欲飞，还听得到水草的鸣声，似在低语。成群结队的同学来去匆匆，上下两层的第一食堂热闹非凡，玻璃门隔绝了室外微凉的风。队伍好似一条黏稠的河流，缓

慢地前进着,食堂氤氲着饭菜的浓香,五颜六色的餐桌呈放射状排布……其间点缀着些淡蓝色的身影,他们之中不乏手不释卷、津津有味品尝饭菜的同学,或是三两好友,又或是疾行孤立,只觉得那时笼罩着我的,只有阵阵爽朗的笑声。

犹记那时,冬日的阳光洒在阶梯上,在球场上布下斑斑光点。橙黄的阳光穿过窗,温热了那冰凉的执笔的手,披光念读,借着光的指引,我的双眼邂逅那一个个小小的文字。那是冬日里跃动地飞向远方的梦想,而我在字里行间看见了自己的青春。

静静地站在时光的回廊,这头是同窗开怀的笑声,那头是老师殷切的目光。来到南宁三中的时间虽然不长,但那一帧帧的时光却早已镌刻在我的心中,是门口保安大叔为我们接过行李的手,或是宿管阿姨为祈求高考顺利而贴在门上的便条,抑或是食堂的工作人员为了我们的早餐而忙碌在清晨的身影。"维我校友,星聚南邕;阳明过化,郁郁葱葱;含英咀华,正义是从;如沐时雨,如坐春风……"伴着校歌,我的思绪被拉回现实,但在南宁三中的日子却和着风吹进了我的心中。

岁月,就像一条永不停息的河流,左岸是我逝去的年华,右岸是我无法触及的未来,而中间奔流的,是我岁岁年年对南宁三中的念想。

"真·爱"三中,"风雨"后勤

——《四季 三中》后记

广西壮族自治区南宁市第三中学 陈瑶

在一所百年名校中,悠长的历史、辉煌的成绩、优秀的师生与师生间动人的情感总是最吸引我们目光的。但再高大的树木也离不开一点一滴雨露的滋养,离不开那一丝一缕的清风与阳光。我们也一样,我们始终没有忘记,那些在校园中如清风、如雨露般的存在——饮食、住宿、设施……因此,在南宁三中一百二十五周年庆之际,编辑委员会就确定了,一定要有一本用以记录南宁三中后勤人为学校付出的书。于是,本书应运而生。

南宁三中一直以来以"真·爱"为办学理念,"真"为求真、求是,而"爱"则是对学生的爱、对学校的爱、对社会与国家的爱。故本书在编写之初便以此理念为坐标,希望能够通过本书让更多的人看到校园中属于后勤人的"真"与"爱"。

　　此爱无声,悄无声息地潜入三中人每一天的生活;此爱有形,铭刻在每一个三中人的心中。在收集文章与编撰书稿的过程中,我们看到每一位后勤人对三中学子最真挚的爱:每一夜大家都准备进入梦乡时,宿管阿姨巡房的脚步声;每一天大家饥肠辘辘时,食堂叔叔阿姨们打饭时的笑容;天蒙蒙亮的清晨与月上柳梢头的夜晚,清洁阿姨们推着垃圾车走动的身影;一次次报修后,维修工作人员敏捷熟练的动作;每一次离开或返回校园时,门卫叔叔在校门口迎接或欢送我们的热情……而这一切,在每个三中人的心里、在每一位三中人的笔下都是那么的清晰与生动。这份爱,不仅仅是微风雨露对树木四季如一日的呵护,也是树木一圈一圈的年轮记录下的每一份感动。《四季　三中》既是后勤人四季常在的陪伴与爱,也是三中人三百六十五天的铭记与感恩。

　　学子求"真"之路漫漫,无数三中的后勤人也在用一颗颗"真"诚的心，为三中人铺设与社会连接、与实践连接的求"真"道路。大厨们精心挑选每日的食材，制作糕点，包装盒饭；宿管阿姨一间间房地核对住宿人员，检查卫生；保洁阿姨不放过任何一个卫生死角；门卫大叔认真地核对每个请假同学的身份信息……书中的每一页都记录着后勤人对每一项任务的认"真"，对每一样工作的较"真"。他们对待工作、对南宁三中校园每一寸土地的态度，仿佛三中学子对待学习、三中教师对待教学般诚挚，是南宁三中这所百年名校中不可或缺的重要存在。而学子们在这无形而真诚的帮助下，也在实践中开辟出全新的求"真"之路。学校后勤部门组织大厨们为同学们提供了"诚信卖场"的实践活动指导，组织同学们参观后厨、参与糕点的制作，将同学们自己设计创作的"井盖画"融入校园建设中，组织同学们参与校园卫生劳动中，等等。后勤部门组织的有趣的种种活动，让学子们在南宁三中这片土地上不仅能于课堂上求得科学"真"理，更能在实践中体悟劳动之"真"知。

后勤如风，吹拂四季，不经意间，水起涟漪，竹闻声响；后勤如雨，润泽万物，滴答声里，草木青翠，墙净如洗；后勤如光，映照四方，播撒光明，户庭通透，土地生辉。

　　百年名校的"真·爱"传承，既离不开那些辉煌璀璨的瞬间，也离不开那些浸润人心的日日夜夜。如此多的美好能够集结在本书之中，自然离不开那些辛苦筹划、勤恳收集稿件与精心编撰的各位领导与编辑人员。当然，我们更要感谢将三中后勤人的种种贡献记录下来的每一位三中人。正是因为他们的细致观察与用心书写，这本书才得以与诸位读者相见。不过，由于时间匆忙等原因，有许多人、有许多事还未能收录其中，或是记载有误。如广大的读者在阅读后发现不足，希望能够给予指正或予以补充，使得本书更加完善。在此，再次对所有为本书付出关心、帮助、努力、心血的领导、老师、同学以及各界人士致以万分的谢意！